静岡発 ローカル線 てくてく歩《ある》記《き》

清邦彦

まえがき

幼い頃、大きくなったら何になる？と聞かれて、「お菓子屋さんになる」と答えたらしい。もう少し大きくなった頃「電車の車掌さんになりたい」と言ったことは覚えている。そのうち、虫採りに夢中になって、昆虫学者になりたいと思うようになった。お菓子も、乗り物も、そしてあのころは虫採りも、たいていの子どもはみんな好きだった。

結局私は、昆虫、特にチョウとかかわることが多い大人になった。

チョウやそれに似合う風景のイラストや文を書いたら、こちらが期待したチョウのことよりも、風景の、中でも古い駅舎のイラストに関心を持つ人が多かった。考えてみれば世の中、虫好きよりも鉄道好き、旅行好きの人の方が多い。

滅びゆく昆虫よりも、滅びゆく鉄道、駅舎の方が多いものだから、古い駅を訪ねるレポートを書いたら、駅よりも駅前食堂で食べたものの方に関心を持つ人が多かった。昆虫や鉄道よりも、食べ物に関心があるのは当然のことだ。

本書に登場する食べ物は、別におすすめの店、自慢のメニューといったものではなく、そのときたまたま私が入りたくなった店、食べたくなったものである。ただし、ここに取り上げたものはみな、私としては気に入ったものばかりである。

本書の一番のねらいは、いつなくなってしまうかわからない古い駅舎を、私なりの描き方でイラストに残しておきたかったから。絵は好きだったが、どうして「大きくなったら絵描きになる」とは言わなかったのだろう。

※掲載されたメニュー・値段等は、取材当時のものです。

目次

1　大井川鉄道　大井川本線　金谷〜五和

（二〇〇七年九月二日）

ＪＲ金谷駅を出て右手に、大井川鉄道の金谷駅の小さな駅舎がある。駅舎というよりも、ＳＬグッズや弁当を売っている売店が多くを占めていて、その右奥に改札口がある。線路も一線だけなので、名物のＳＬ列車も補機の電気機関車を先頭に後ろ向きに入線してくることになる。

大井川鉄道は、正しくは『大井川鐵道』と書き、金谷駅から大井川に沿って千頭まで、木材輸送と電源開発を目的として敷かれた。現在はＳＬ列車の定期運行を行うなど観光に力を入れている。

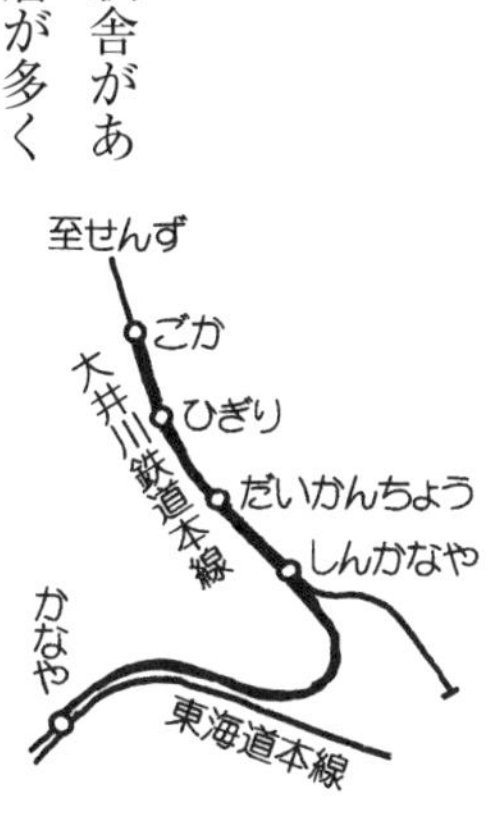

駅前の旧東海道を東に進む。本陣跡、こうじ屋、表具屋、さすがに茶問屋も何軒かある。角に『もちや』と書かれた小さな和菓子屋があった。きれいな色の『花まんじゅう』というのが目についた。

「これはお供え物に使うんですか?」

「お供え物にもしますが、明治からあるうちの名物です」

花まんじゅう　黄色や桃色に染めたもち米が乗っている

鮮やかな色に、ついお彼岸か何かのお供え物のお菓子と誤解してしまった。作り物のサクラ葉で包んだこしあん入りの白い餅で、真ん中の花芯のように見える黄や桃色は染めたもち米だった。二個で二一〇円。

そのまま真っすぐ旧街道を行けば新金谷の駅もそう遠くはないが、右に折れて少しでも線路に沿って歩くことにする。大代川の堤防に出た。クズ、ヤブガラシ、カナムグラといったつる草が堤防を覆っている。畑の脇には赤いケイトウの花が咲いていて、一匹のキタテハが蜜を吸いに訪れていた。夏から秋に変わる中途半端なようでいて、晩夏というそれなりの存在感のある、どこか懐かしい季節だ。

大代川に架かる鉄橋の下を抜けると新金谷の車庫が見えてきた。蒸気機関車の汽笛も聞こえてくる。

じつは気になっていたのが、大井川の河原の方に延びている引き込み線だった。廃線かと思ったその線路に新しい遮断機のある踏切があって、どうもまだ使われているらしいことだ。線路の先には何があるのだろう。探検気分で工場の横をたどってゆくと、やがて草に覆われた線路の終点あたりに赤茶色のかたまりが見えてきた。さび付いたＣ１１タイプの蒸気機関車だった。

大井川鉄道大井川本線　新金谷駅

そのうしろにも小さい機関車が一両。線路が草に覆われる手前には枕木やレールが置かれてあり、資材置き場として使われているようだ。畑仕事の人に聞いたら、時々電気機関車がやってくるという。

途中、白浪五人男のモデルの一人、大泥棒の日本左衛門の首塚がある宅円庵という小さなお寺に寄って、本社のある新金谷駅に着く。蒸気機関車を待つ観光客で賑わっていた。大井川鉄道は古くなった他の私鉄の電車をそのままの塗装で走らせていることでも鉄道ファンに人気がある。山吹色と青色の元近鉄特急二編成が並んでいると、近畿地方の、縁日かなにかで賑わう田舎の駅かとでも思いたくなる。

一一時五八分発の列車を見送った。引くのは緑のプレートのＣ１１１９０。熊本で個人が所

E501形電気機関車いぶき　新金谷駅にて

有していたものだ。スクラップのような車体をよくもここまで走れるようにしたものだと感心する。

新金谷駅の入り口の角に『おでん　かんとんや』と書かれた赤提灯のぶらさがった店があった。近所の人がおでんを買いに来ている。串に刺したつゆの黒い静岡おでんの系統だ。卵が五〇円であとは小さめだがひと串四〇円と、安い。

「辛いのと辛くないのとどっちがいいですか?」

おかみさんが聞いてきた。削り粉に二種類あるようだ。辛い方を振り掛ける。他にメニューはトコロテンだけ。長四角のところてんを自分で鍋の中からすくって、押し出し器で押し出して細くし、醤油と酢をかけて食べる。

「おじいさんの兄弟が兵隊で中国の広東にいたので『かんとんや』って言うです。子供好きのおじいさんで、お菓子など子供向けの安い店にしたですよ」

「近頃じゃ子供たちもあまり来なくなったでしょう」

「よく来ますよ。百円で食べれるからって。おでんが四〇円、トコロ

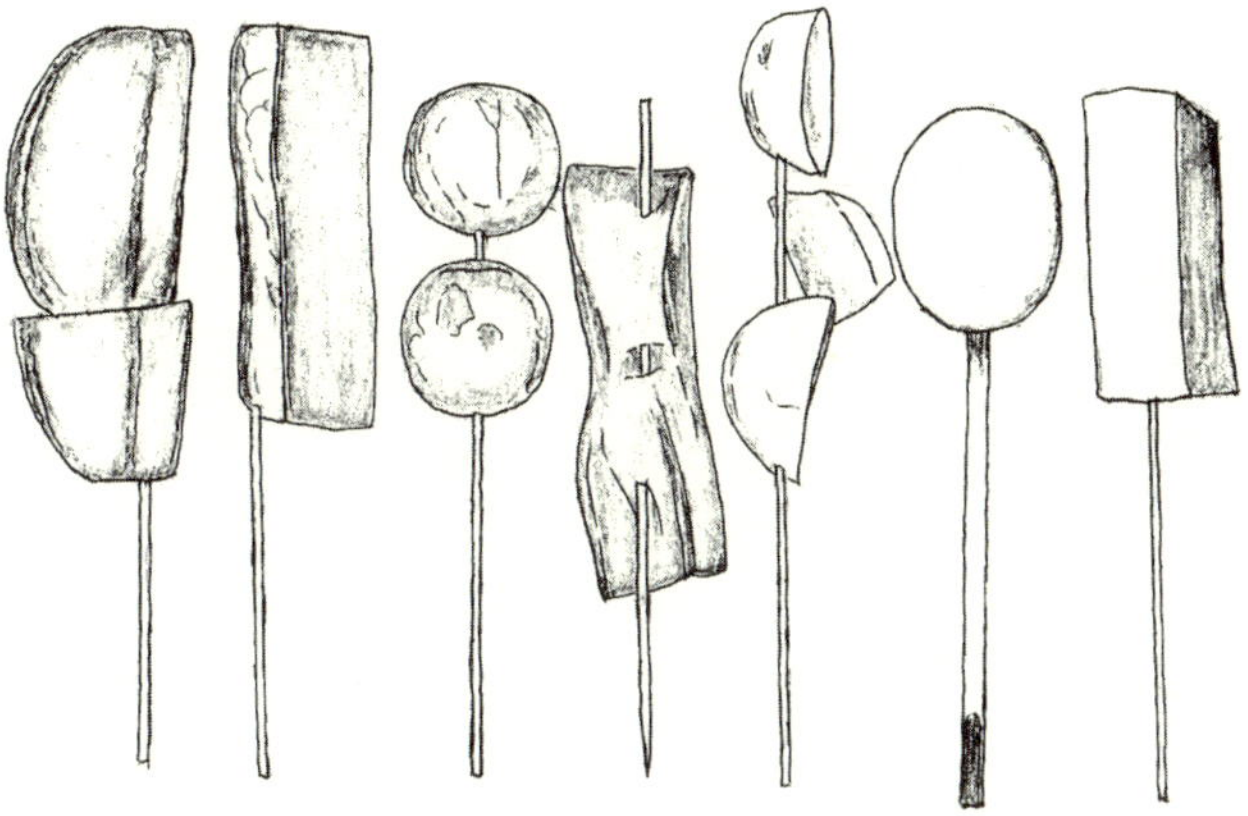

静岡おでん　一串40円　卵だけは50円なので串にしるしがある。
コンブは抜けやすいので串を逆さに使っている

テンが五〇円で、残り一〇円であめ玉を買って百円。その子らが高校生になっても来るし、大人になって結婚して子供を連れてまた食べに来るですよ」

儲けはなくていい、損しないくらいでいい、と言う。バスガイドさんやロケに来た人たちも寄るそうだ。壁の色紙の中に武田鉄矢のサインがあった。武田鉄矢が似合う店だと思った。

一二時五〇分、時刻表にない蒸気機関車が出発して行った。臨時らしい。今度はC11の227号機。あとで調べたら北海道の東の果て、標津線を走っていた機関車だ。

代官町駅はログハウス風の待合室兼トイレがあるだけの小さな駅だ。ホームのベンチで花まんじゅうを食べる。バイパスをくぐった先が日限地蔵の日切駅。ここもホームの入り口に小さな待合室があるだけの駅である。

大井川鉄道大井川本線　五和駅

日限地蔵に寄ってみる。近づくと線香の香りがただよってきた。この日はちょうど祈願日でもあったので参拝客が多い。堂内では祈祷も行われていた。大香炉は線香の煙に包まれている。それぞれ腰やひざなど具合の悪そうなところに煙をつけるのだが、中には頭から足まで満遍なくいつまでもいつまでも煙をつけているご婦人もいらっしゃった。

　五和《ごか》駅はすれ違いのできる島式のホームで、以前は有人だったため小さいながらも出札窓口や待合室のある駅舎が残っていた。駅員も乗客もいない待合室にひとり座って電車を待った。初めての駅のはずだが、いつか来たことのあるような駅でもあった。退屈でありながらもいつまでも座ってもいたかった。

　薄緑色の元南海電車に乗って金谷駅に戻った。

2　伊豆箱根鉄道　駿豆線　三島〜伊豆仁田

（二〇〇七年九月二十二日）

丹那トンネルが開通するまでの東海道本線は御殿場経由だった。今の御殿場線下土狩駅が三島駅で、伊豆箱根鉄道駿豆線はそこが起点だった。現在の新しい三島駅に線路を付け替えたため、線路はUターンするかのように大きくカーブしている。

三嶋大社を模したJR三島駅を出て、まずは右に商店街を下土狩方面に進む。修善寺行きの青色の電車が車体を傾けて左に大きく曲がりながら追い抜いて行った。こちらも線路に沿って左折して、さらにまた左折する。

三島国分寺の六十メートルもあったという七重塔跡の大きな礎石を見て、三島広小路駅に出る。旧東海道と交差するため賑やかで建て込んでいる。駅も狭ければ駅前も狭い。

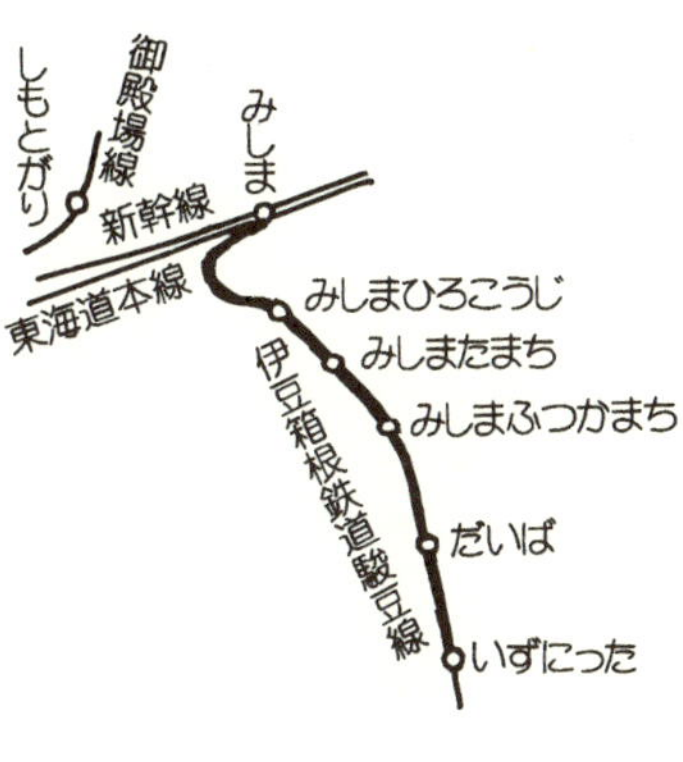

三島の名物と言えばうなぎである。富士山からの湧き水がうなぎの泥臭さを落としてくれるからだそうだ。踏切を渡って右の老舗のうなぎ屋はまだ十一時だというのに行列ができていて、警備員が整理している。『時の鐘』のある三石神社から源兵衛川の清流に沿う遊歩道を通った

親子丼　小皿はたくあん

あと、三島田町駅に着いた。ここは構内も駅前も広い。

東に歩いて下田街道に出たところに『言成《いいなり》地蔵』というのがあった。願い事は言い成りに成就するとはなんとも虫のいい話だが、これには悲しい由来があるらしい。南に向かって街道をゆくと今度は『間眠《まどろみ》神社』というのがあった。伊豆に流された頼朝が三嶋大社に源氏再興を祈願した途上、松の大樹の下で仮睡した所なのだそうだ。

測候所入口というバス停の向かいに白いのれんに『食堂　富士屋』と書かれた古そうな店を見つけた。入って驚いたのが壁に貼られたたくさんの芸能人の色紙だ。まず目についたのがイラスト入りの作曲家のサイン色紙。

「近くの同級生のところに来た時寄ってくれるんですよ」

色紙のほとんどは有名な演歌歌手のものだ。中には演歌の大御所の名も見える。

「熱海のホテルに泊まった時、付き人を連れてきてくれたんです」

伊豆箱根鉄道駿豆線　三島二日町駅

おかみさんの話にまさかいくらなんでもと半信半疑ながらも、地元テレビ局の情報番組の色紙まであるから、それなりの何か話題の店なのだろう。著名人が来るだけの名物でも食べさせてくれる店なのかなと壁のメニューを見るが、うどん、ラーメン、カレー、それに何種類かのどんぶりものだけだ。親子丼を注文した。玉子と鶏肉の他はタマネギと刻んだ鳴門巻きだけ。ミツバも海苔もないシンプルな、これぞ親子丼の原型というものが出てきた。タクアンが二切れ添えられているのもいい。

話を聞くとおかみさん自身熱心な演歌ファンで、よく公演の楽屋に花を届けるそうで、その縁のようだ。そして歌手もそんなファンを大事にしている。

「いい店ですね。古いまま残してくれていて」

ＥＤ３２形電気機関車　大場車庫にて

「もう九十二年たつです」

これから大場《だいば》の駅まで行くと言ったら、大場のなんとかという侠客で有名な所だと教えてくれた。

三島二日町駅は、新しい駅舎の多い駿豆線の中ではやや古い駅舎だった。

下田街道も踏切を越えると家もまばらになってくる。街道を左に外れる。イネはもう穂を垂れていて、畦や土手にはヒガンバナが咲き始めている。

大場の車両基地を訪ねたのは、電気機関車ＥＤ３２を見たかったからだ。凸型の機関車なんて模型鉄道でしかお目にかかれない。生垣や貨車にさえぎられてよく見えないが、それが二両もあった。カメラの望遠レンズで見ると奥のはＥＤ３３と読める。

大場駅でタクシーの運転手さんに、その大場のなんとかという侠客の所はどこか聞いてみた。教えられた廣渡寺の前には『侠客大場の久《きゅう》八《はち》之墓所』の大看板があった。裏側の説明板には、上州系三大親分の一人で、安政の大地震では窮民を助け、江戸品川沖のお台場を築造したと書かれてあった。

そのまま伊豆仁田駅まで歩き、青く塗り変えられてはいるが昔西武鉄道を走っていた電車に乗って三島駅に戻った。

3　天竜浜名湖鉄道　原谷～円田

（二〇〇七年九月二十四日）

天浜線と呼ばれる天竜浜名湖鉄道は、東海道本線の戦時のバイパス線として建設された旧国鉄の二俣線が、第三セクター化されたものである。

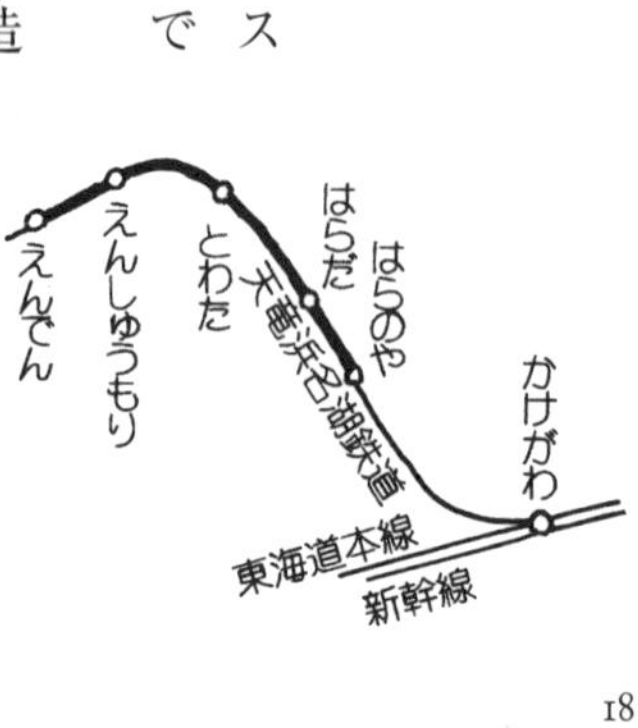

新幹線駅としては珍しい木造駅舎のＪＲ掛川駅から天浜線に乗り換える。レールバスと呼ばれる一両のワンマン運転の気動車に乗り、原谷駅で降りた。町並みが切れると原野谷川に出る。橋を渡って広い道に合流したあたりの左、少し高い所にあるのが無人の原田駅だ。線路も道も上り坂となり、線路はトンネルに、道は第二東名の下をくぐったところで下り坂になる。トンネルを出てきた線路と並行しながら下ってゆくと森町の戸綿駅に着いた。太田川の鉄橋の手前にある

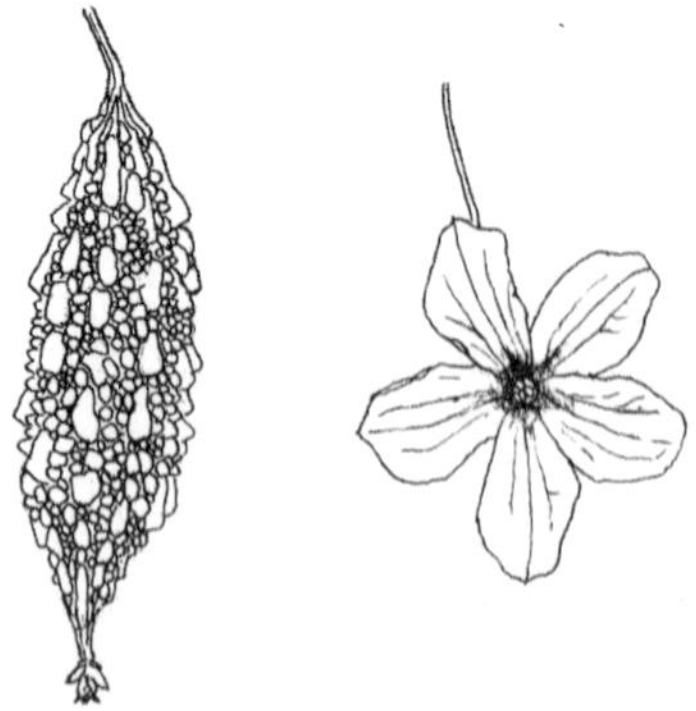

ニガウリ（ゴーヤー）の黄色い花と若い実　原谷駅付近にて

天竜浜名湖鉄道　原谷駅

駅は階段を上った高い位置にある。単式ホームの小さな駅だが、平日の日中は有人のようだ。

森川橋を渡ると左に森町銘菓『梅衣』を売っている和菓子屋があって、その裏手には次郎柿の原木がある。柿の実はまだ青いか、うっすらと色づいた程度だった。

せっかくの季節なので、遠州森駅の方には曲がらず、そのまままっすぐ萩の寺として知られる蓮華寺に行ってみることにした。ちょうどお彼岸だ、どこかでおはぎを売っているかもしれないぞ、萩の寺でおはぎを食べるのもいいものだ。境内のハギの花にはキチョウが多く来ていた。もうこのまま成虫で冬を越す秋型だ。残念ながらおはぎは売っていない。

ハギの花と共に見たかったのが『もくじきさん』、つまり木喰《もくじき》上人の彫った仏像である。上

ハギの花を訪れたキチョウ　萩の寺・蓮華寺にて

人の生まれた山梨県、今の身延町の丸畑という山の上にある集落には、これまでに何度も訪れたことがあり、関心があったからだ。上人は九十三歳で死ぬまで全国を放浪しながら各地に木彫りの仏像を残した。それらの木喰仏はみな微笑んでいるので微笑仏とも呼ばれている。

「父母に別れて今日の辛さかな　後悔してももどらざりけり」

　木喰上人の和歌の一つである。決して楽な生涯ではなかっただろうに、木喰仏はなぜみな微笑んでいるのだろうか。地獄の閻魔も三途の川の葬頭《しょうず》河婆《かのばば》まで微笑んでいるのだ。

　拝観料を納めて上がると、お堂の中では女性たちがご詠歌を唱えていた。

「今日はお地蔵さんの日なものですから」

　住職が教えてくれた。木喰仏は赤ん坊を抱いた子安地蔵で、本堂の左側で微笑んでいた。

　遠州森駅に出て昼食をとれる店を探す。『お好み焼１２３』という店が目についた、というか、他になかった。『ひふみ』と読むらしい。こういう店って常連さんばかりのような気がしてし

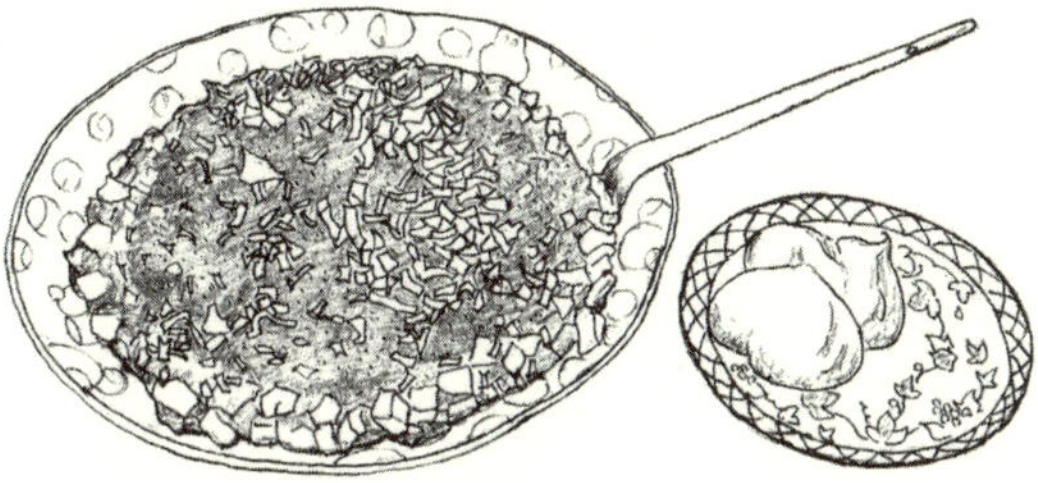

お好み焼き　ミックス　小皿にはマヨネーズが盛られている

まい一人では入りにくいのだが、その心配はいらなかった。全部のテーブルに鉄板がある。お好み焼きのミックスを注文する。

「自分で焼きますか？　こちらで焼きますか？」

一人で鉄板に火を入れるのももったいないので厨房で焼いてもらう。遠州のお好み焼きは刻んだタクアンが入っていて『遠州焼』というのだと聞いたが、この店のはそうではなかった。キャベツが多く厚くてふっくらしていて、肉、イカ、エビが埋もれていた。マヨネーズたっぷりの小皿が添えられて出てきたところに、遠州・三河らしさを感じた。子供たちが食べているのを見て食べたくなったので、食後にイチゴのカキ氷を注文した。

おはぎの代わりに『梅衣』をと、駅前を引き返して小さな和菓子屋に入る。栗蒸し羊羹にでも使うのか、隅にはたくさんのクリがあった。梅衣は特定の和菓子屋さんの商品ではなく森町の和菓子屋さんならどこでも売られているようだ。

「こちらのは他のお店のと違うところはあるのですか？」

「梅衣の組合があって、どこも同じようにしてあるのですが、店で少しずつ違うようです」

二つだけ売ってもらい、公園のベンチで食べた。こし餡を求肥で包み甘い梅酢の蜜に漬けた青ジソで巻いたもので、蜜がたっぷりかかっていた。

森山焼の窯元が並ぶ山裾の道を西に歩き、右に曲がって坂を上ってゆくとキキョウ寺として知られる香勝寺に着く。キキョウ園はまだ開園しているのか心配だったが、ラッキーなことに今日が最終日だった。苗を一鉢ずつプレゼントしていた。

『花の寺』だけでなく、この季節は参道や家々の周りにもヒガンバナ、キバナコスモス、センニチコウなど様々な花がいっぱい咲いていて、それだけでも楽しめる。アゲハ、ツマグロヒョウモン、イチモンジセセリ、秋型のキタテハなど、訪れるチョウも多い。

円田《えんでん》駅は小さな神社の参道を行くと踏切の横にあった。地図がなければ見落とすところだった。

（＊参考：『駿遠豆の木喰仏』日比野秀男著・第一法規）

4　ＪＲ東海道本線　清水〜由比

（二〇〇七年十月二十一日）

秋晴れである。ＪＲ東海道本線清水駅を出て、まずは国道一号線を東に進む。中央分離帯にはアラカシが植えられ、ドングリが実っている。この分離帯の部分には複線の静岡鉄道の路面電車、清水市内線が走っていた。港橋を出て清水駅前から西久保までは国道一号線上を走り、西久保のバスの車庫の脇から単線の専用軌道となって東海道本線に併走していた。専用軌道跡は今は遊歩道となっていて、駅のあったあたりは小公園になっている。愛染町、嶺、鈴木島と行った先で、庵原川にぶつかったところで途切れた。一九七四年七月七日のいわゆる七夕豪雨でこの庵原川の鉄橋が傾き、そのまま廃止となってしまった。七夕豪雨のようすは、さくらももこの『ちびまる子ちゃん』に詳しい。

迂回して国道の橋を渡って袖師駅のあったあたりで東海道本線の踏切の方に出てみた。かつて東海道本線にも海水浴シーズンだけの袖師駅があったのだが、今はホームの跡も見られない。両元袖師駅の間にあるバス停にはまだ『袖師駅』の名が残っていた。やがて廃線軌道跡は清水

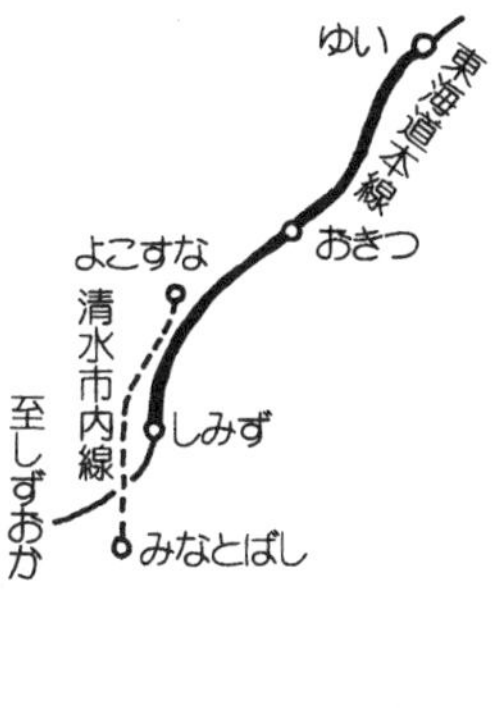

横砂保育園の中に消えていった。ここに横砂駅と車庫があったはずだ。

波多打川を渡ると興津宿に出る。西園寺公望《きんもち》の別荘『坐漁荘』の先に、小さいが評判の魚屋『魚格』の『出口の揚げはんぺん』の文字が見えた。はんぺんというよりさつま揚げに似ているが、材料はキスとハモだ。ご主人の話では、キスは今が旬で、一年分仕入れておくのだそうだ。冷凍の保存代が仕入れ値と同じくらいかかってしまうと言う。

「キスじゃないとダメですか？」

「キスにこだわってるね。お客さんに味が変わったって言われたくないから」

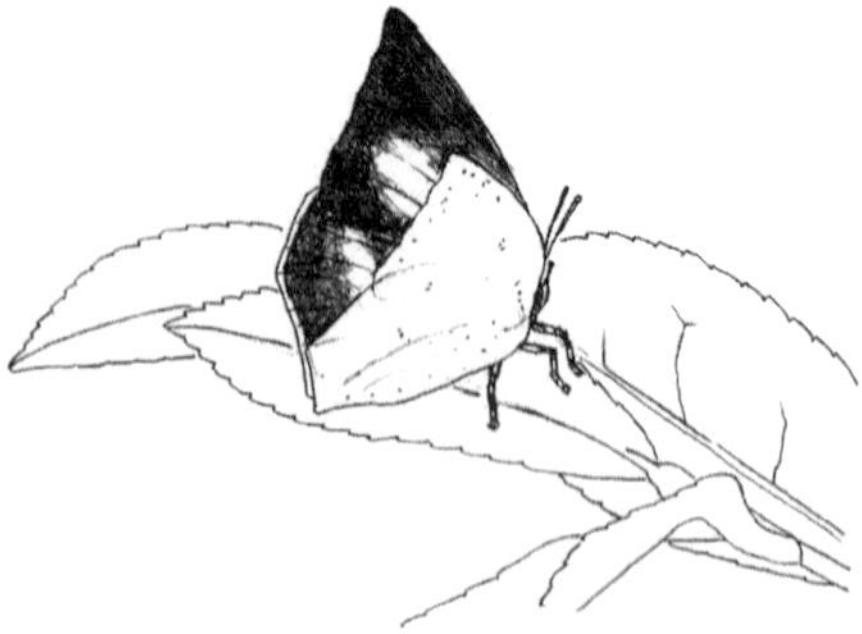

ウラギンシジミ　水色の羽のメス　興津駅付近にて

カマスの燻製を試食させてくれた。イルカの味噌煮もあった。静岡県東部では昔からクジラよりイルカをよく食べるのだ。筋向かいの清見寺の入口に腰掛け、まだ熱い揚げたての『はんぺん』をいただく。

清見寺の玄関には『見学の方は鐘を打ってください』と書かれてあった。中に入るとなるほど小さな釣鐘が置いてある。音色は『ゴーン』じゃなくて『チーン』だ。他のグループと一緒

ＪＲ東海道本線　興津駅

に案内していただく。家康手習いの間のある大方丈裏の庭園にはいくつものウラギンシジミが銀色の羽を輝かせて飛び回っていた。羽の表側が水色のメスをオレンジ色のオスが追っている。

二階の潮音閣に登る。窓の外、海の向こうに三保の松原が半分だけ見える。

「いやー、昔は景色が良かったんだろうな」

東北なまりの見学グループの人たちが思わず声に出して言った。なにしろ海の手前にはバイパスの高架橋が走り倉庫群が風景をさえぎっているのだ。窓の下には東海道本線も通っている。山下清の『清見寺スケッチの思い出』にある「お寺より汽車の方が大事なのでお寺の人はそんしたな」のとおりである。

街道に戻る。脇本陣だった水口屋、興津を訪れた宮様方が好まれたと言われる『宮様まん

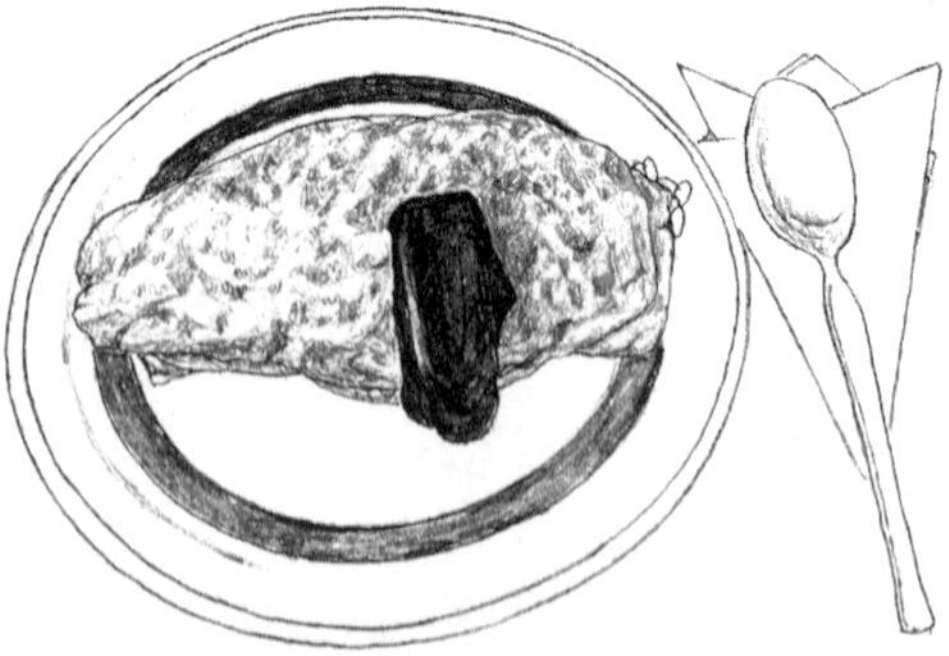

駅前洋食屋のオムライス

じゅう』の店、今日も何人かの客が焼き上がりを待っている鯛焼き屋、そして興津駅に着く。

駅前の角に洋食屋があってショーウインドーにはソーダ水などのサンプルが並んでいる。看板に気づかなかったが『可憐』というお店だそうだ。オムライスを注文した。普通のオムライスだが、大きめの良質の鶏肉がたくさん入っていた。

「こちらの店は古くからあるのですか？」

「今の店にしたのが五十四年からで、それまでは食堂でした。その前は旅館をやっていて、相撲取りが泊まったこともあったそうです」

由比までは旧東海道の薩埵《さった》峠ではなく、鉄道沿いに国道を行く。ウラギンシジミが高速で行き交う上り下りの車に巻き込まれ、まるでサッカーボールのように次々とぶつけられ、やがてタイヤの下になった。倉沢の踏切の周りだけでも四つの死骸を拾った。

薩埵峠の登り口には室町時代からある茶店『望嶽亭』がある。今は茶店はやっていないが昔はサザエのつぼ焼なども出していたようだ。慶応四年、勝海舟の命を受けた幕臣山岡鉄舟は薩埵峠で官軍の兵に追われ、この望嶽亭に助けを求める。主人の手引きで隠し階段から浜に出て舟で清水に渡り、清水の次郎長のところに案内される。次郎長の警護の下、駿府伝馬町で官軍の西郷隆盛と会見、江戸城明け渡しの条件が取り決められた。

「隠し階段を見たいのですが」

女主人に案内されたのは、外からは普通の蔵にしか見えない『蔵座敷』だった。ガラスケースには、鉄舟が漁師に変装する時に置いていったフランス製の十連発の短銃が納められていた。座敷の隅の床を動かすと海岸に下りる階段が現れた。

「これが『歴史を変えた階段』ですか」

一緒に説明を聞いていた歴史に詳しそうな男性が言った。

倉沢から由比駅までは昔からの家並みをよく残している。薩埵峠を行き来するウオーカーたちを目当てにキウイや早生ミカンなどを売る無人売店もある。四ツ溝柿とキウイを買った。キウイほど外見からは思いもつかない中身を持っている果物もないだろう。中が虹色の『レインボー』などという品種もあった。人間もこうありたいものだ。

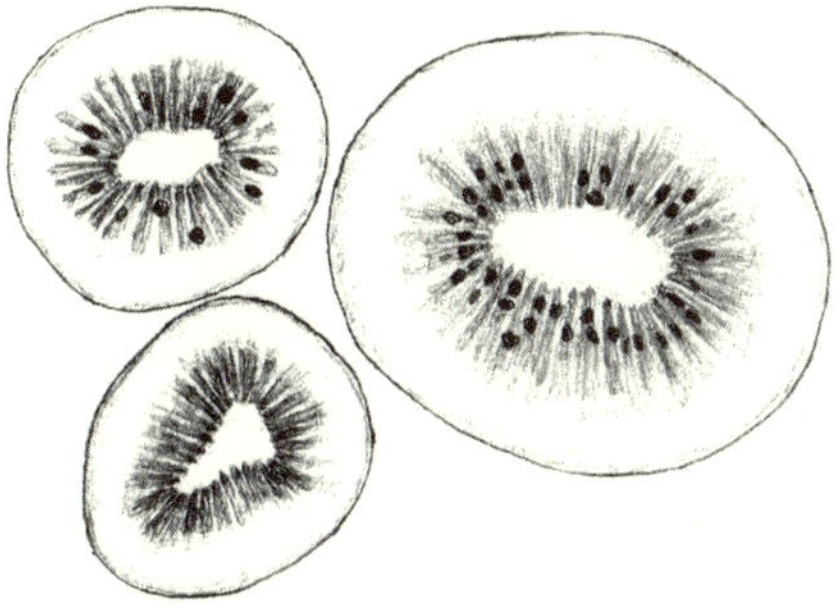

無人売店で買ったキウイ　黄緑から赤のグラデーションが美しいレインボー

（＊参考：『山岡鉄舟の危機を救った藤屋・望嶽亭』若杉昌敬編）

5　ＪＲ飯田線　出馬〜佐久間

（二〇〇七年十一月三日）

ＪＲ飯田線は愛知県の豊橋から長野県の辰野までの鉄道で、途中静岡県北西部をかすめる。静岡県内の北のはずれが秘境駅として知られる小和田であり、南のはずれが難読駅の出馬《いずんま》である。普通列車でも通過することもある谷沿いの片面一線の小駅だ。

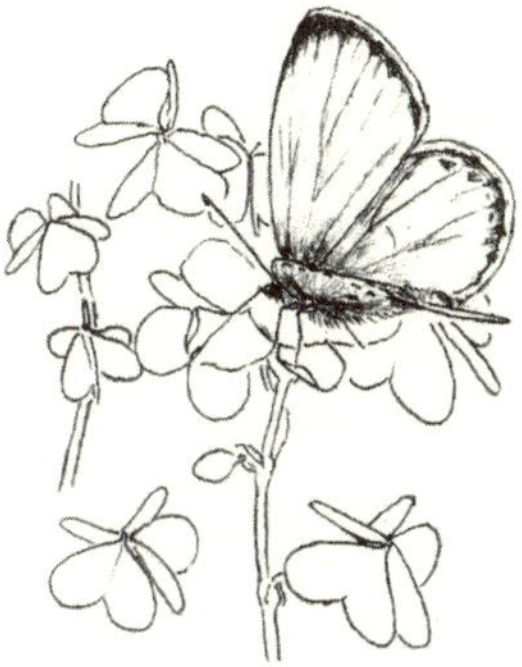

陽だまりのカタバミの花を訪れる秋型のヤマトシジミ　浦川駅付近にて

この出馬駅から県道一号線の対岸の小道を行く。柿も色づき、刈り取った稲束が干されている。ニワトリの鳴き声が聞こえ、ネコが前を横切る。日当たりのよい草地にはヤマトシジミが秋型らしい輝きのある水色の羽を広げて、日光浴をして体温を上げようとしている。谷に沿ったのどかな秋の道は、その中にいるととても日本最大の断層である中央構造線を歩いているとは思えない。

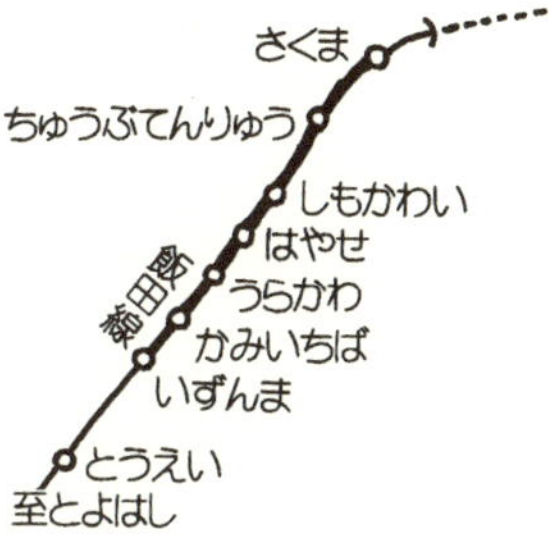

ＪＲ飯田線　浦川駅

上市場の駅は鳥居をくぐった神社の参道の脇にある。知らなければ気がつかない。

やがてこのあたりの中心地、浦川の街に出る。街道の両側に古い家々が並んでいる。町が静かなのは休日だからというだけではなさそうだ。酒屋には閉店を告げる紙が貼られてあった。アユ釣りの名所ということで、釣り道具屋だけが繁盛しているように見える。

浦川駅は今は無人だが、昔ながらの駅舎が残っていた。飯田行きの電車を見送った。乗客はお年寄りと中学生たちばかりだ。世の中を動かしている人たちは地方の鉄道には乗らない。その人たちの視点で社会が動いてゆく。

さて昼食はどうしよう。

『ラーメン・ぎょうざ　味味』と書かれた店があった。ここまで来てラーメンもないだろう。

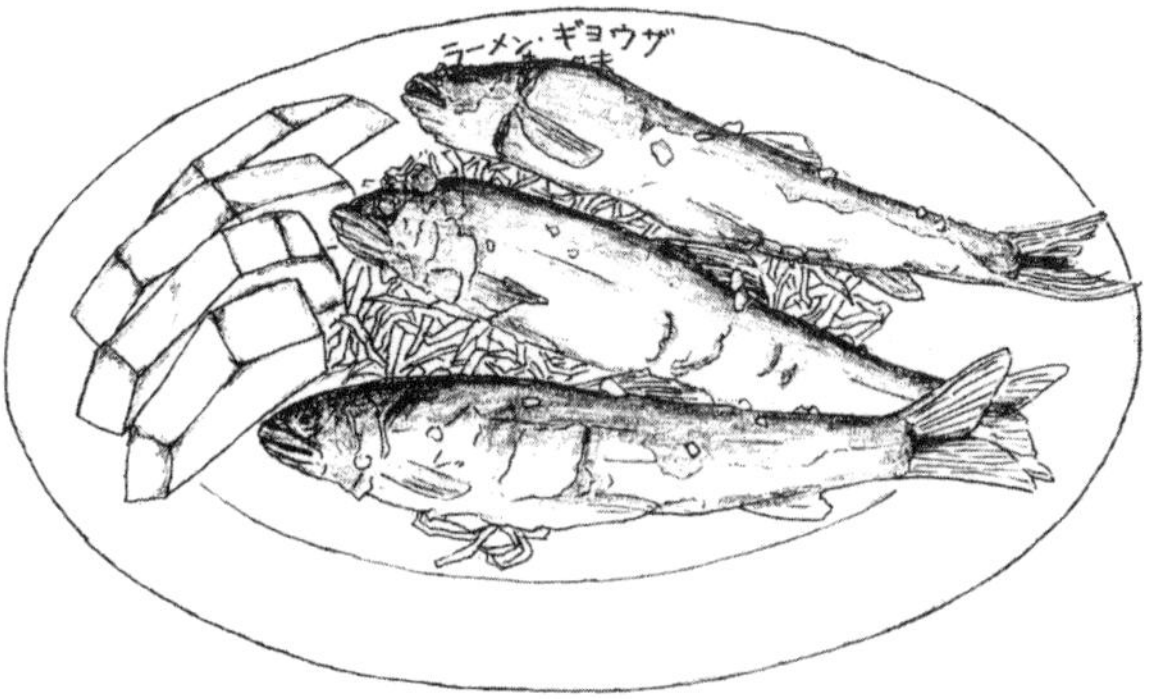

アユの唐揚げ　果物の柿が添えられている

店の裏では人の良さそうなご主人が立っている。一度は通り過ぎたが、他に食べる店もないので引き返して入る。中華メニューの端に『鮎の唐揚げ定食』というのを見つけ、注文した。

「アユはこの時期も釣れるんですか？」

「今は梁漁ですね。うちのは天然アユですが、腹を掻きますか？　そのままにしますか？」

アユは藻を食べるから腹わたがおいしいくらいは知っていたが、骨はどうするのかなど素人っぽいことばかり聞いたので言われてしまった。

「頭から全部食べられます。お客さん、アユは初めてですか？」

たしかに苦味がおいしかった。

「昔はこのあたりも賑やかだったでしょう？」

「いちばん人が多かったのはダムの時ですね」

佐久間ダムができたのは一九五六年（昭和三十一年）の

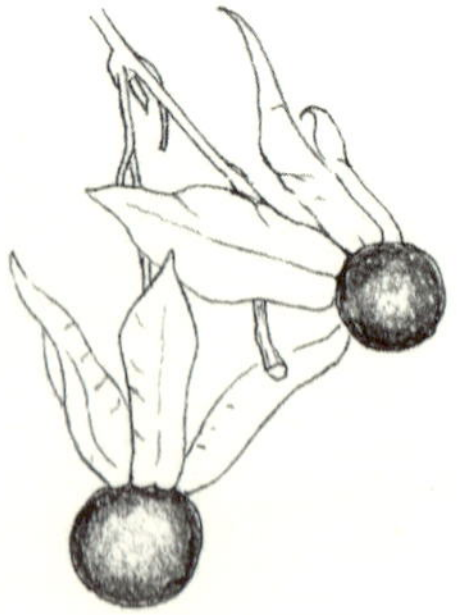

クサギの実　実は青くガクは
赤い　浦川駅〜早瀬駅にて

ことだ。経済成長を始めた当時の日本の最大のプロジェクトだった。小学校の映画教室で見に行き、工事の規模の大きさに感動した。中学校の社会科では、地形が急で雨量の多い日本の発電は『水主火従』だと教わった。今は原子力発電の比重が高くなりつつある時代である。

大千瀬川に沿ってスギ林の中のひんやりした道を歩いて、早瀬駅に出る。ホームが道路の下にあるので気づきにくい。無人売店でこんにゃくを買った。梁場では数人の男たちが皿の片づけをしていた。獲ったアユを焼いて、団体客に出したあとだったようだ。

下川合駅は単線だが、以前は列車のすれ違いのできる島式二線のホームで、撤去されていない線路がまだ残っている。構内が広いだけに寂しさを感じさせる。

佐久間ダムから来る天竜川を大きな吊橋で渡り、もう一度歩行者用の吊橋を渡ると中部《ちゅうぶ》天竜《てんりゅう》駅である。本当は『なかべ』と読むところを旧国鉄は『ちゅうぶ』と読ませてきてしまった。駅の入場券を買ってレールパークを見学する。十五両の車両が展示されてあった。飯田線に使われていたＥＤ１８形電気機関車を見たかったのだが、置かれてなかった。

再び国道を行く。下に佐久間発電所が見えてきた。四本の送電線が山を越えて延びていた。

佐久間駅は新しいしゃれたデザインかと思ったらそれは図書館で、駅はその一部、看板もなくホームへの通路のような存在だった。時刻は四時、山間の駅はもう日陰になり、人影のないホームはひっそりとしていた。

6　ＪＲ身延線　竪堀〜西富士宮

（二〇〇七年十一月十一日）

ＪＲ身延線は、東海道本線の富士駅と中央東線の甲府駅とを結んでいる。一九六九年（昭和四十四年）、複線化と国道一号線の踏切による渋滞解消などのため、富士駅から本市場駅を通る東回りから、柚木駅を通る西回りに線路が付け替えられた。

竪堀駅からスタートする。高校時代毎日乗り降りした駅だが、新しく西に移った高架の新駅に降りるのは初めてである。

「ちょっと待ってくださーい」

電車を降りた乗客が、階段を上ってくる親子に気づいて、発車しかけている電車の運転手に呼びかけた。高校時代の旧竪堀駅でも駅員さんが走って来る高校生たちに「上りかー？下りかー？」と聞いて電車を待たせてくれたものだった。駅や車両が新しく変わっても、竪堀駅らしい人情は変わっていない。

元の竪堀駅は『旧竪堀駅広場』として小公園に名を残していた。線路跡は『富士緑道』とい

ＪＲ身延線　富士根駅

う遊歩道になっている。新線に合流する潤井川《うるいがわ》鉄橋近くで遊歩道は終わる。あとは堤防上を潤井川橋に向かって歩いた。川面にはヒドリガモたちが泳いでいる。

長沢踏切から製紙工場の多い道を旧鷹岡町の町に入る。廃屋となった古い映画館があって、タイル張りの切符売り場がそのまま残されていた。映画館の名前を聞こうと思っても、日曜だからか、店はみなシャッターが下りていた。バス停には『富士馬車鉄道駅舎跡地』の碑があった。身延線の前身である。

入山瀬駅前では女の子が二人、段ボール箱で『電車ごっこ』をしていた。今どき珍しい。きっといい子になるぞ。駅の隣の公園には蒸気機関車のＤ５１と並んで客車のオハ３５が保存されていた。機関車はよく公園などにあるが客車は

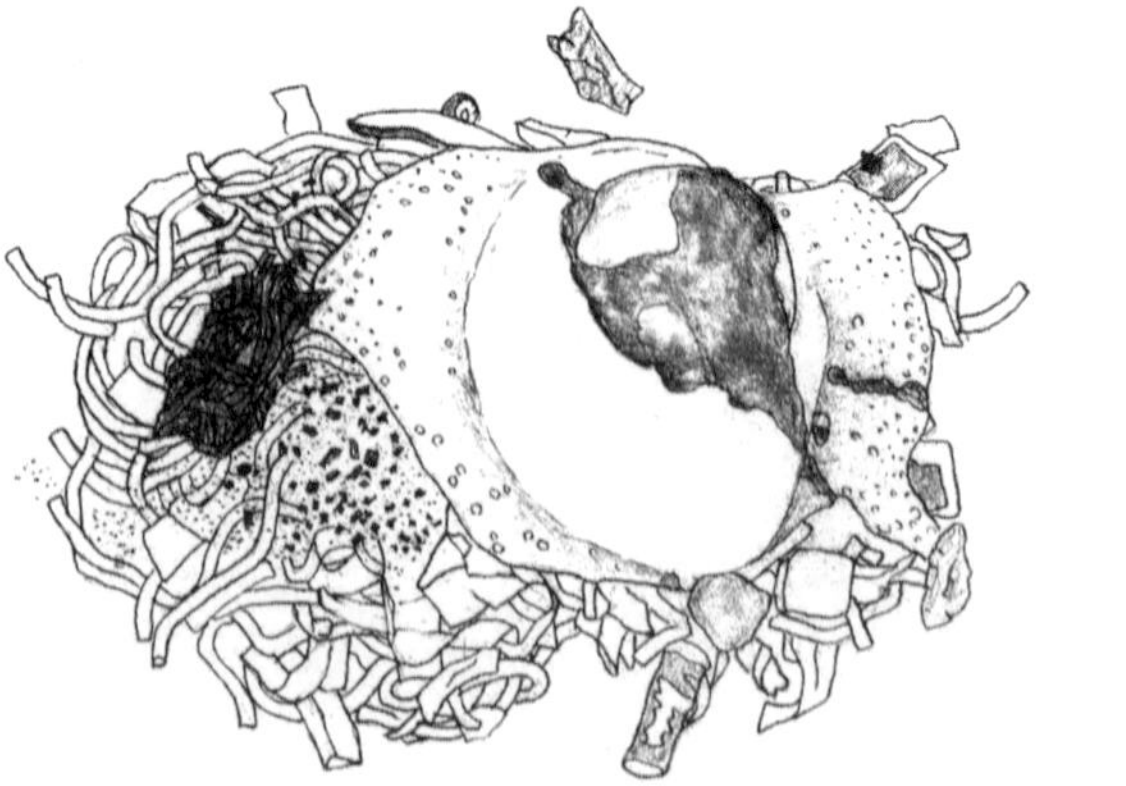

富士宮やきそば　目玉焼きが乗っているのは「ミックス」のためか

珍しい。しかも図書館として利用されていて、親子連れが訪れていた。この子もきっといい子になるぞ。

第二東名の下をくぐり、富士根駅に着く。今は無人だが駅舎は残されている。『山本勘助ゆかりの地』ののぼり旗がいくつも立てられてあった。出生地と言われる山本地区はこの近くだ。この富士根駅も、先ほどの旧竪堀駅も、昔は線路の脇に枕木を並べた柵とカラタチの生垣があって、学校帰りによくアゲハチョウの幼虫を探したものだった。生垣どころかカラタチの木そのものも見かけなくなった。

源道寺駅は対面式のホームで、弓沢川の橋の上にある。無人駅だから電車に乗らなくてもそのまま歩行者用の橋としても使える。

富士宮駅までは広い道を避けて裏道を行った。田中という所で『楽ハウス』という居酒屋のような店に『やきそば』と書かれているのを見つけた。富士宮と言えばや

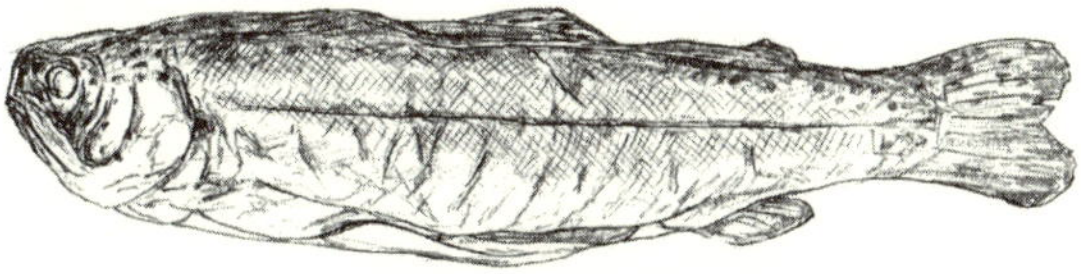

ニジマスの甘露煮

きそばだ。二枚つなぎの鉄板の前では二人の男性がお酒を飲んでいた。

「浅間《せんげん》さんの方じゃ、やきそばで混んでるね。行列で食べられないよ」

「流行っている店でお好み焼きをへらでペタペタたたいたら怒られた。おれら昔から好きなようにして食べてたのに」

もともとは、子どもは駄菓子屋で大人はお座敷や居酒屋で、こうして鉄板を囲んでお好み焼きややきそばを焼きながらおしゃべりしたものだった。麺は保存の効く硬めの麺、お好み焼きは小麦粉を薄く溶き、肉は高価だから脂の絞りかすを、振り掛けるものもイワシの粉だ。そんな質素な食べ物だが、子どもたちはお好み焼きのことを『洋食』と呼んで喜んでいた。

富士宮駅を過ぎて浅間神社に近づくと、『う宮』と書かれたオレンジ色の『富士宮やきそば』ののぼり旗が目につくようになった。『う宮』とは富士宮弁で『うみゃー』と読む。『うまい』ってことだ。

そのうちの一軒の食堂の隣にある、猫のトーテムポールの立つ『キャッツガレージ』という店が気になったので入ってみた。店内はリアルなネコの人形でいっぱいだった。和紙と粘土で愛猫をそっくりに作ってくれるのだそうだ。

「写真だけでなく飼い主にも来てもらって、ネコ自慢をいっぱい語ってもらってから作るんですよ」

「この値段じゃ儲けどころじゃないでしょう」

「一つ作るのに二カ月くらいかかります。時給にするといくらかな。お客さんからのお礼状が楽しみでやってます」

いかにもネコ好きそうな笑顔の女性だった。

浅間神社駐車場の中にある富士宮名物を売る店『ここずらよ』に寄ってもうひとつの名物ニジマスの甘露煮を買い、西富士宮駅から電車で戻った。

7　豊橋鉄道　市内線　駅前～赤岩口

（二〇〇七年十二月二日）

豊橋駅前では中学生たちが街頭募金をしていた。街には稲垣潤一の『クリスマスキャロルの頃には』の歌が流れている。師走である。豊橋鉄道市内線は『市電』などと軽く呼ばれているが『豊橋鉄道東田《あずまだ》本線』という立派な本名を持っている。全区間道路上を走る路面電車で、岐阜市内などで路面電車が廃止されてゆく中、路線の延長までしているのは頼もしい。架線もセンターポール式ですっきりし、豊橋駅前を新型車両が走る様子はＬＲＴ（ライトレールトランジット）と呼ぶのにふさわしい。

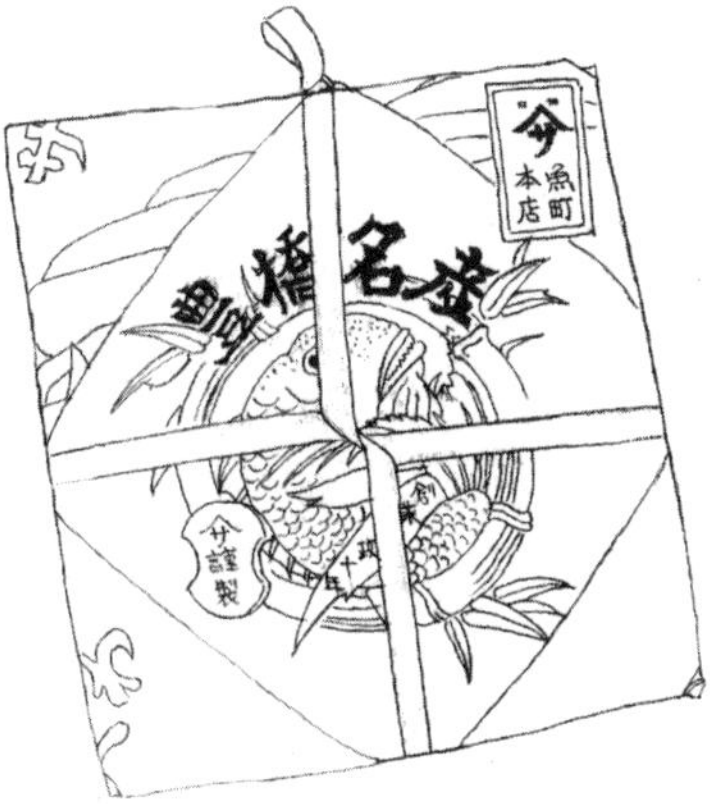

豊橋魚町の老舗で買ったちくわ

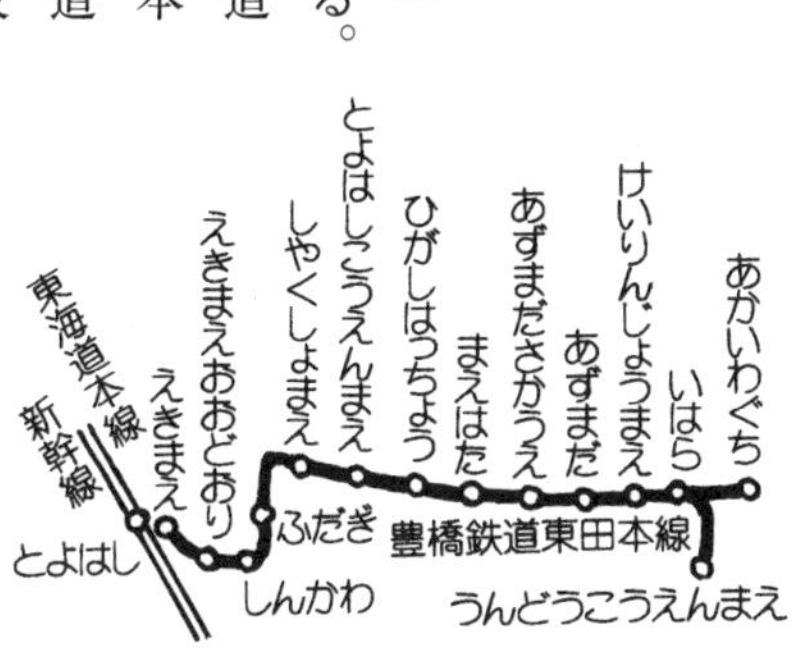

駅前、駅前大通、そして新川で左折、札木を過ぎて

豊橋鉄道市内線　東八町駅

今度は右に折れ、国道一号線上を走る。この『国一を路面電車』というところがすごい。新型車両に混じって名鉄の美濃町線で使われていた旧タイプの車両も活躍している。

市役所前を過ぎた左側にあるのが『鬼祭』で知られる『安久美神戸《あくみかんべ》神明社』である。鬼祭というのは田楽の『赤鬼と天狗のからかい』というものだそうで、赤鬼が悪戯をするので天狗が神前で戦って和解する、赤鬼は罪の償いに厄除けのタンキリ飴をまきながら逃げ去るというものだ。本殿前の赤鬼の人形の前では初宮参りの赤ちゃんを抱いた老夫婦と若夫婦が記念写真を撮っていた。境内から鳥居越しに見える大通りを路面電車がすれ違ってゆく風景もなかなかいいものだ。

豊橋公園前、そして東八町から国道一号線と

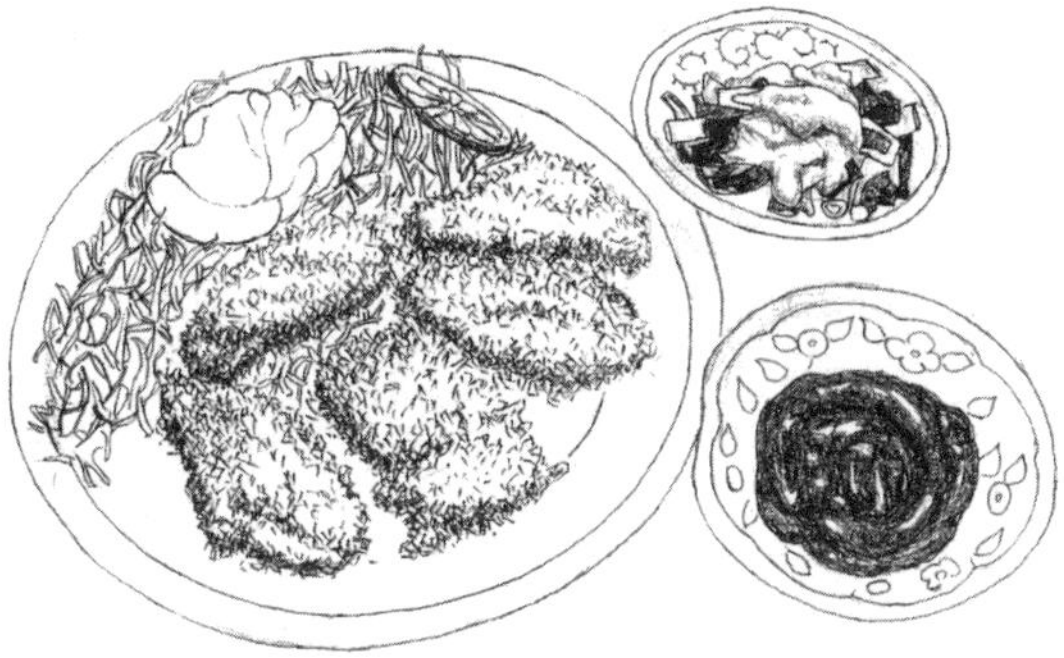

かきフライ　ネギヌタつき　手前の小皿はケチャップ　刻みキャベツにはマヨネーズが乗っている

別れ多米《ため》街道を行く。道幅が狭くなり、架線も両側の電柱から吊るようになる。前畑から東田坂上までは坂のためかレールの周囲が四角い敷石になって、路面電車らしくなる。東田駅はホームというか安全地帯すらない。電柱に『市電東田のりば』の表示があるだけだ。

競輪場前から単線になり、つぎの井原で運動公園前行きの路線とわかれる。この運動公園前方面に曲がるカーブは半径が一一メートルという日本一の急カーブで、電車は前後部を大きく外側にはみ出させながら曲がっていった。

直進した先が終点の赤岩口。手前に『牛川人骨出土地』の標識があった。古代人の骨とされてきたが最近の調査では、もしかしたら牛川人は古代人じゃなくてゾウかもしれないとも聞いた。

両側を空き地に挟まれて取り残されたように小さな食堂があった。外には競輪の出走表が置かれ、『ランチ五〇〇円』『かきフライ有ります』と書かれた紙が貼ってある。

老夫婦がやっていて、ランチは日曜はないと言うので、かきフライ定食を注文した。出された小皿にはケチャップがたっぷり入っていて、刻みキャベツにはマヨネーズがまたたっぷりのっている。そこにさらに

「どうぞ」

と、ソースのビンを差し出され、これが三河らしさなのか、文化の違いのようなものを感じた。

殻の欠けらが入っていたのはともかく、大粒のふっくらとしたいいカキで、衣の食感もよく、添えられたネギヌタもまたおいしい。メニューに『アジのたたき』などがあるところからも、オヤジさん、店構えに似ず案外腕の立つ料理人かもしれないぞ。いやよくテレビで紹介される高級料理よりも、こうしてうどん、トン汁からオムライスまで、相応の値段でおいしくつくるのがプロの料理人だと思う。ごちそうさま、おいしかったです。帰り際、店の名前を控えようとしたが、看板が壊れたままになっていて分からなかった。

8　ＪＲ伊東線　熱海～伊東

（二〇〇七年十二月八日）

伊東線は東海道本線の熱海から伊東までのわずか十六・九キロメートルの短い路線で、ＪＲ東日本に属する。伊東からは私鉄の伊豆急行線につながっていて、伊豆急下田までの直通列車も多い。

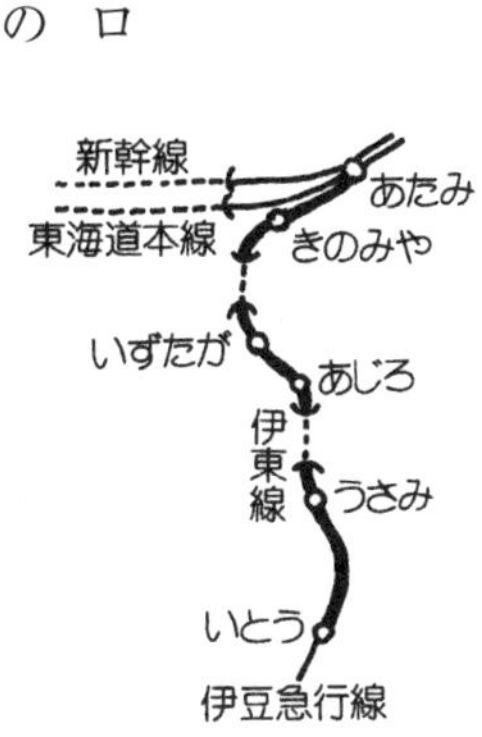

熱海駅前を右にアーケード街を下ってゆく。左右には干物や温泉まんじゅうなどの店が並ぶ。『七尾たくあん』を売る店もある。七尾地区の土と風と日差しがたくあん作りに適しているらしいが、歩き始めた今ここでたくあんを買って持ち歩くわけにはいかない。右折して熱海梅園に続く道を登る。

「こんにちは」

小学生の女の子が挨拶してきた。うん、熱海の子はいい子だ。

来宮駅までは東海道本線の線路と並行していて、正確にはここからが伊東線になる。この先は長いトンネルがあって線路に沿っては行けないので電車で行くことにする。ホームの先には丹那トンネルの入口が見える。電車は伊豆急行の青色に塗られているが元東急の車両で、都市

ＪＲ伊東線　伊豆多賀駅

の通勤電車みたいだ。リゾート地には似合わない。

不動トンネルを抜けるとこれまでの温泉街から、静かな海辺の町へと変わった。ミカンが黄色い実をつけている。伊豆多賀駅の階段を下りる。冬の日差しの中でヒヨドリだけが賑やかだ。海には初島も見える。

坂を下って国道を横切り浜辺に出てみた。ユリカモメの群れが羽を休めている。大きなのはセグロカモメか。何か打ち上げられているものはないか探すが、小さな貝殻がある程度だった。ツメタガイに襲われて小穴の開いたものも多ければ、ツメタガイも多かった。

下多賀の町に入ったところでミカンの無人売店があった。一〇〇円でミカン一袋買った。イチョウの黄葉も見事な多賀神社の境内で食べた。

味も一袋一〇〇円といったところか。

網代は干物の町である。駅に近づくと賑やかな歌声が聞こえてきた。『アジの開き音頭』のような演歌のような歌を繰り返している。ちょうど干物まつりで、駅前のテントでは観光客相手にアジの干物を焼いて無料で試食させていた。新鮮で骨や皮までおいしく食べてしまった。

さて昼食はと探したが似たようなラーメン屋しかない。似ていると思ったら本店と支店だった。『ふくしま支店』の方に入ってみたが案の定、中華や丼もの中心だ。干物定食があったが干物はさっき駅前で食べたばかり。ここはキンメダイの煮魚定食あたりを欲しかった。うーん、五分間ほど壁のメニューを見つめていた。『もやしそば』の横に『サンマー麺』と書き添えられているのに気がついた。『当店おすすめ』の札も貼ってある。

サンマー麺の名前や魚のサンマでないことくらいは子どものころから知っていた。だが大人になって一度も出会ったことがなく、あれは昔の食べ物だと思っていた。サンマー麺が神奈川県の地

伊豆多賀の海岸で拾った貝殻など　二枚貝の小穴はツメタガイによるもの　左端がツメタガイ、左上はバフンウニの殻

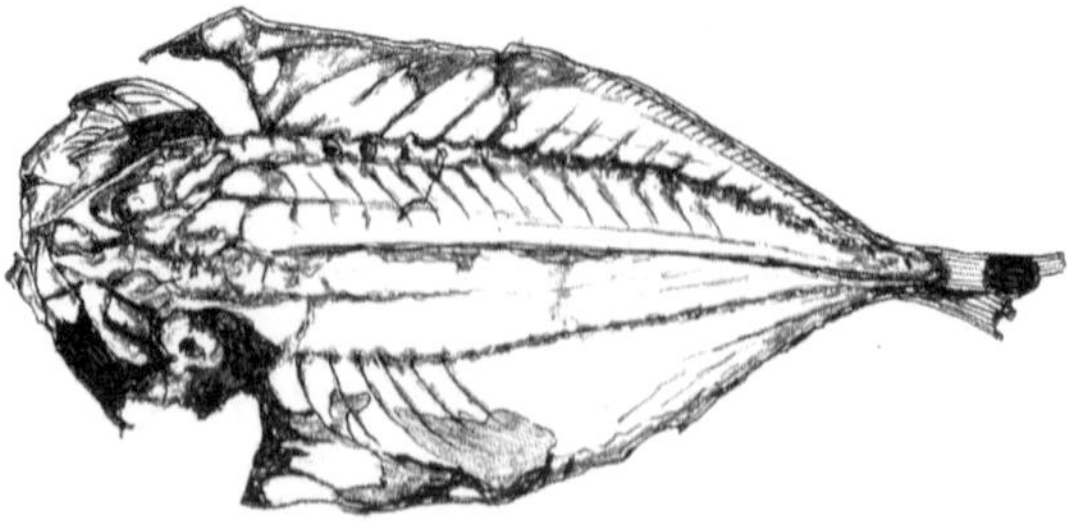

アジの干物　網代駅前の干物まつりでいただいた

方食であることを知ったのは最近のことである。生碼麺と書く。標準和名を付けるとしたら『あんかけもやしそば』だろうか。いつか小田原方面に行ったときにでも、と思っていたが、伊豆で食べることになるとは予想しなかった。熱海市は静岡県だが文化圏は神奈川県だからと、この時は納得したのだが、その後各地を歩きながらメニューを気にしていて、富士地区にも普通にあることがわかった。どうも富士川が境界で、ついには富士川の東岸のへりにあるラーメン屋に最西端のサンマー麺を発見した。で、網代のサンマー麺だが、もやしばかりかと思ったら結構他の野菜も入っていて、しょうゆ味の五目ラーメンといった感じだった。

宇佐美まではまたトンネル区間なので再び電車に乗り、中央分離帯にアロエの赤い花が咲く海岸道路を伊東に向かって歩いた。干物を売る店が点在している。

「家族が少ないのでバラで売ってくれますか?」

「みりん漬けはカゴ詰めですけどアジとエボダイはいいですよ、キンメも」

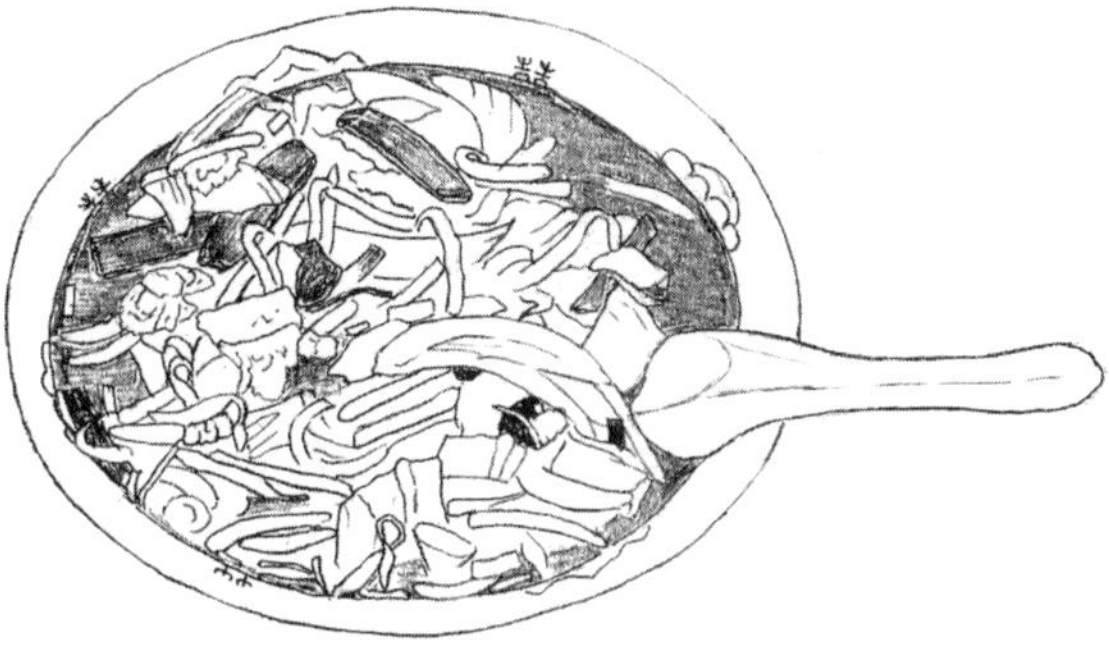

サンマー麺　もやしを中心に各種野菜がたっぷり

次の店ではサンマの丸干しとトビウオの開き、それにフノリを買った。フノリは味噌汁が煮立った最後にぱっと入れるといいと教えてくれた。

伊東駅に行く前に木下杢太郎《もくたろう》記念館となっている生家に寄った。杢太郎は伊東市出身の医師で、文才、画才に優れた人物である。座敷に上がってＤＶＤを見ながら疲れたからだを休めた。杢太郎の描いた百花譜から伊豆のこの季節にふさわしいツワブキの花のポストカードを数枚買って駅に向かう。干物が重い。

伊東駅にはたくさんの蝶が帆船とともに海を渡っている大きなステンドグラスがあった。ツバキの花のまわりには二匹のアサギマダラが描かれていた。

（＊参考：「野瀬泰申の東海道暴れ食い」ＮＩＫＫＥＩ　ＮＥＴ）

9　遠州鉄道　遠州上島～浜北

（二〇〇七年十二月十六日）

遠州鉄道はＪＲ浜松駅近くの新浜松駅と天竜浜名湖鉄道の西鹿島駅を結ぶ鉄道で西鹿島線とも赤電とも呼ばれる。赤色に白い斜線の入った二両編成の電車が、単線ながら十二分間隔で走っている。

モンキチョウ　１２月後半だというのにまだ活動していた

高架化が進められていて、高架工事のなくなる遠州上島から歩き始める。快晴だが気温は低い。遠州名物の空っ風とまではゆかないが、風もそれなりにある。馬込川を渡り自動車学校前駅へ。無人駅で待合室はマンションの一階にある。

東名高速の下をくぐったあたりの畑のへりで、何か枯葉のようなものが舞った。見るとモンキチョウだ。この寒いのにピンクの小菊で吸蜜している。成虫で冬を越す蝶ではないが初冬まで見られるので越年蝶《おつねん》の異名がある。

　さぎの宮駅は線路が少し高い位置にあって地下道から島式のホームに上がるつくりになっている。駅の脇の流れにはカルガモたちが泳いでいた。地図にある近くの神社が『さぎの宮』だろう、田んぼの向こうに森が見える。昔はサギが集まっていたのだろうか。森はスダジイ、ヒノキ、スギが多い。本殿には早くも門松が立てられていた。見ると紅白のポインセチアの造花までつけられていて、ちょっとだけクリスマスも兼ねている。駅の名の起こりとなったわりにはさびしい。ちょうどご婦人が来たので尋ねてみようかと思ったら、気配を感じたのか先に向こうから声をかけてきた。

「風があるねえ」

「さぎの宮というのはここですか?」

「ここらあたりがさぎの宮。昔は白いサギが多かったらしいね」

「さぎの宮って、町の名前ですか?　この神社はさぎの宮じゃないのですか?」

「ここは八坂神社。八月十四日には花火があって、打ち上げをやって、

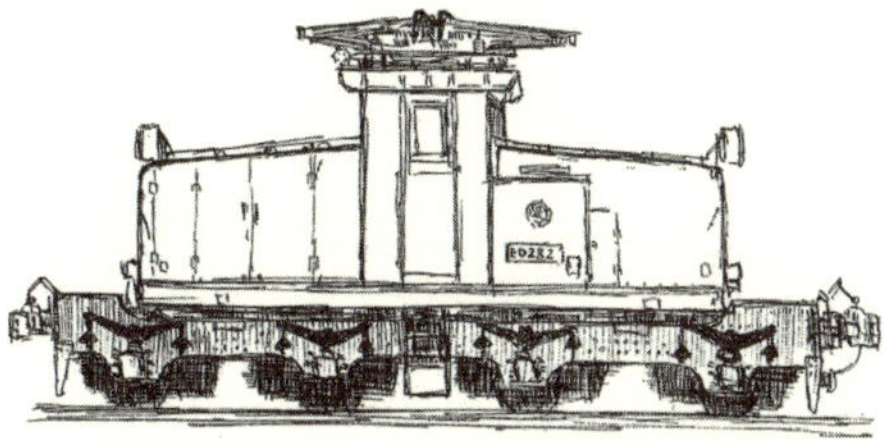

ＥＤ２８形電気機関車　遠州西ヶ崎駅にて

遠州鉄道　遠州小松駅

手筒花火をやるですよ」

「この狭い所で手筒花火じゃ、危なくないですか？」

「危ないよ。木に燃え移りそうで。迫力あるよ」

これから積志の郵便局に年賀状を出しに行くところだと言う。

積志駅から二俣街道を歩いて遠州西ヶ崎駅に着く。ここで見たかったのが小さな凸型電気機関車のＥＤ２８２。明るい水色に塗られて二両のホキ形貨車を連結していた。線路の砂利敷き作業に使うのだろう。イギリス製で旧国鉄の飯田線で使われていた機関車だそうだ。

遠州小松駅に行く途中に人形屋があって、羽子板、破魔弓などと書かれてあった。浅草の羽子板市みたいな、あるいは初詣に神社でいただく破魔矢などの店かと思って入ってみたら、そ

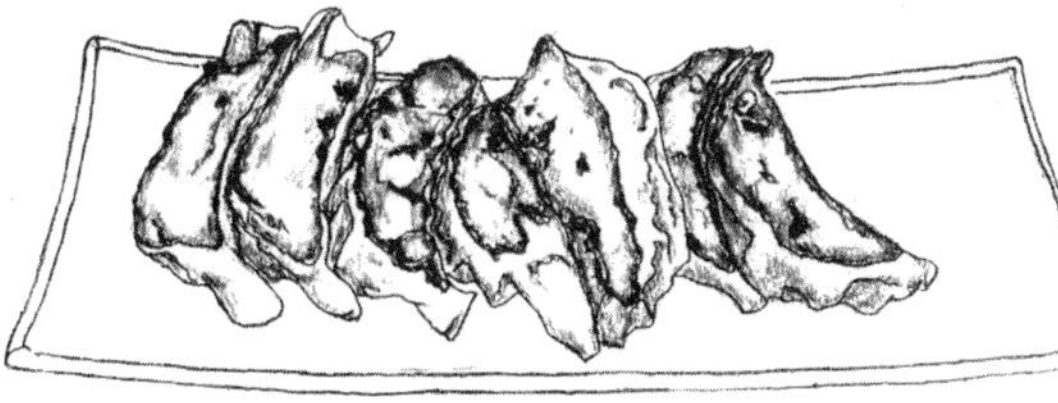

定食屋の餃子　浜松餃子とはちょっと違うと思う

れぞれがガラスケースに納められていた。聞くと、生まれて初めてのお正月に男の子には破魔弓を、女の子には羽子板の正月飾りを贈るのだそうだ。他にも同じような店があったから、このあたりでは盛んなのだろう。

じつは今回は昼食を浜松餃子と決めていた。フライパンで焼かれた二〇個くらいの餃子が丸く並んでいて、円の中心にもやしが添えられているというのを写真で見ていた。ところが餃子屋や中華料理屋が見当たらない。ほんとに浜松は餃子の消費量日本一なのか疑問になってきた。時刻も昼食時を過ぎかけている。小松駅の踏切の脇に、『めし・酒　恵子』と書かれた店があった。居酒屋だろう、夜だけかな、でものれんがかかっているぞ。思い切って入ってみると何人かの客がいて、カウンターのガラスケースにはレバー炒めや焼き魚などが並んでいた。定食屋だ。

「お兄さん何にします？」

「餃子と、えーと、この煮魚はなんですか？」

「それはトリのもも肉です、餃子定食でいいですか？」

店は母娘でやっているようで、常連客で繁盛していた。餃子は普通の定食屋らしい餃子だった。味噌汁は、それだけで味噌汁定食にしてもいいほどおいしかった。

浜北駅から電車で浜松駅に戻り、浜松餃子を探した。あったあった、浜松餃子学会の赤い旗が立っている。食券を自販機で買う。六個で三五〇円。もやしも付いていて、皮はカリッとしている。具は野菜が多い。大食いタレントのギャル曽根のサイン色紙もあったから、浜松餃子に間違いない。

10　岳南鉄道　吉原～岳南江尾

（二〇〇七年十二月二十五日）

空は曇っていて気温は上がりそうもない。雪の富士山は山頂まで見えているから雨の降ることはないだろう。橋上にあるＪＲ吉原駅から少し離れて岳南鉄道の駅舎がある。出札窓口に何かレトロなものを感じるのは自動券売機がないからだろうか。切符は厚紙の『硬券』である。

竹林の中に赤く実ったフユイチゴの実　竹採塚にて

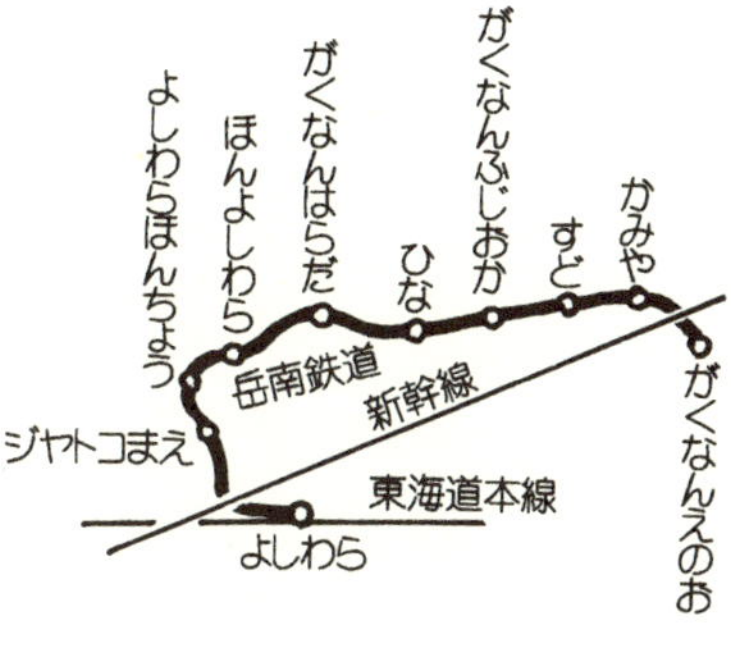

岳南鉄道は日産自動車の工場の専用鉄道を延長して一九四九年（昭和二十四年）に開業した鉄道で、私鉄としては珍しく貨物輸送が盛んである。時にはパイプラインの下をくぐるなど工場の間をくねくねと通っていて電気機関車も豊富なので鉄道ファンからの人気は高い。

線路沿いに行く道はないので、『夜間の女子の通行は危険』と書かれた狭くて長くて天井も低い地下道を通って反対側に

岳南鉄道　吉原本町駅

抜け、東海道本線の南側の道路を西に歩く。岳南鉄道の線路上を貨物列車がやってきた。引くのはチョコレート色のＥＤ４０２電気機関車だ。沼川に架かる橋を渡り、田子の浦港の大きなパナマ船籍の貨物船を左に見て、製紙原料のチップの匂いの漂う中、陸橋で東海道線を越えて再び岳南鉄道の線路に並ぶ。

食べ物チェーン店の建ち並ぶ国道一号線を渡るとまもなくジヤトコ前駅である。ジヤトコの『ヤ』は大文字だが読みは『ジャ』でいいようだ。以前は『日産前』駅だったが今では自動車の変速機メーカーの名に変わっている。正確には『ジヤトコ一地区前』というあたりにも工場地帯の鉄道らしさを感じる。前面がオレンジ色に白線の吉原行きの電車が入ってきた。ヘッドマークには『山本勘助号』とある。元は京王井の頭線

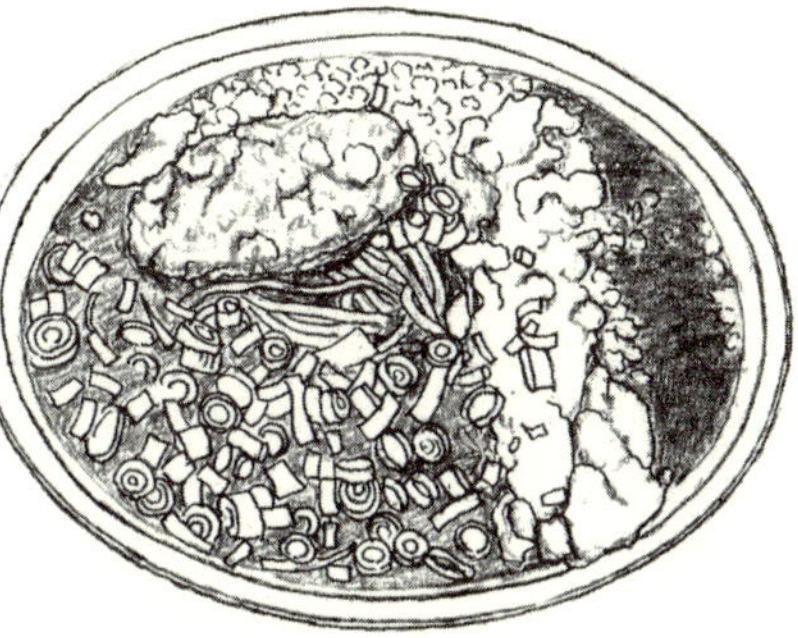

ササミ天とメンチカツのそば　ネギもたっぷり

のステンレス車両で、両側に運転台を付けて一両運転ができるように改造したものだ。

吉原本町は片側一線だけの駅だが、旧東海道の吉原宿、商店街の入り口にあって乗降客も多い。線路は右に曲がって和田川を渡るとすぐ本吉原駅になる。ここは列車のすれ違いのできる駅で岳南鉄道の本社もあるのだが、駅舎も待合室も今はない。

北側の根方街道に出て東に折れる。国産大豆一〇〇%と書かれた『金沢とうふ店』に寄って、名物の味付け黒ガンモを買う。

「なぜ花の形をしているんですか?」

「私も分かりません、昔からこの形でやってるんで。何かお供物に使ったのかもしれません」

岳南原田駅は駅舎はあるが無人である。駅舎の一部を使って『めん太郎』というラーメン屋のような名前の小さなそば屋がある。地元の人だけでなく鉄道ファンにも人気の店だ。ちょうど昼休みの時間で、作業服姿の客で満席だった。店内の長椅子で空くのを待ってからカウンター席に移る。そばとうどんだけだがトッピングが変わっている。ササミの天ぷらとメンチカツの

岳南鉄道　比奈駅

そばを注文した。他の客たちの注文を聞いていると、いろいろあって面白い。

「そばで、野菜天に玉子二つ」

「うどん大盛りに、ソーセージとメンチ」

「おまちどうさま、アジ天とハム、あとメンチは山菜の下に隠れてます」

メンチは結構人気で、食べてみるとそばとも馴染む。食べ終わって外に出て驚いた。店の外にまで行列ができていた。常連らしく、まっすぐ一列に行儀よく並んでいた。

竹採公園に向かって滝川沿いの道を行く。クレソンが生え、水底にあるのはバイカモのようだ。工場の間を流れているにしては水がきれいだ。水がきれいだから製紙工場ができた、と言うのが正しいのかな。

平安時代、このあたりは姫名《ひな》郷と呼ばれ赫夜《かぐや》

ＥＤ５０形電気機関車　岳南富士岡駅にて

姫《ひめ》という地名もあることなどから、竹取物語発祥の地と言われている。ここではかぐや姫は国司に見初められるが天女であって富士山に帰っていった、ということになっている。無量寺という寺のあった竹採公園の竹林の中を行くと、江戸中期の高僧白隠禅師の墓の先に『竹採姫』と刻まれた四〇センチほどの自然石があった。竹林の下草にフユイチゴが小さな赤い実をつけている。一つ摘んで口に入れた。甘酸っぱい。冬のイチゴをかぐや姫と一緒に食べたと思えばちょっと楽しい。今日はクリスマスだよ。

比奈駅は有人駅で、構内の側線には何両ものコンテナ車や有蓋貨車が置かれ、新しくオレンジ色とクリーム色に塗られたＥＤ４０３が入れ換え作業をしていた。花形機関車といった感じで、貨物輸送の多い岳鉄のシンボル的存在である。ＥＤ４０２と一緒に松本電鉄からやってきた夫婦のような機関車である。隣の岳南富士岡駅にはさらに豊川鉄道からのＥＤ２９、名古屋鉄道からのＥＤ５０の二両の電気機関車も置かれてあった。

須津《すど》駅は駅舎はすでになく、トイレと一坪のプレハブ小屋だけ、

岳南鉄道　岳南江尾駅

そのトイレも使用禁止だった。根方街道に出て須津川の橋を渡る。石焼きいも屋の温かそうな売り声の軽トラックとすれ違う。神谷駅は片側にホームがあるだけの駅だ。

　やがて線路の先に新幹線の高架が見えてきた。くぐった先が終点の岳南江尾《えのお》駅だ。使われることのなくなった何本かの線路の脇に無人となった駅舎が建っていた。静かな終着駅である。

　製紙業界も自動車業界も、時代は変わった。そして戦後の経済発展を支えてきた鉄道も経営は苦しいようだ。岳南江尾駅のホームにはラッシュ時だけ運転される二両編成の緑色の電車が停まっていた。ヘッドマークに描かれているのはかぐや姫である。

11　JR御殿場線　沼津～裾野

（二〇〇七年十二月二十七日）

東海道本線の沼津駅南口に出ると、かつて御殿場線を走っていたC58形蒸気機関車の動輪があった。沼津機関区の記念碑である。一九三四年（昭和九年）の丹那トンネル開通前までの東海道本線は御殿場経由であって、急勾配のために補助機関車を後ろに連結した。当時の沼津は大蒸気機関車基地であった。そんな関係からか沼津の車両基地は御殿場線側にある。

駅前を左に進みさらに左折すると、上下車線と歩道の三本に分かれた三つ目ガードに出る。上はその車両基地だ。御殿場線乗り入れの小田急の新宿行き特急あさぎり号も停まっていた。国道を御殿場方面に向かって歩く。正面は箱根山、左の愛鷹《あしたか》山の上から富士山が頭を出している。天気は快晴だ。大岡駅は片側一線の有人駅。電車は新しい白地にオレンジ色のラインの313系が一時間に二本ほど走っている。

国道一号線の下をくぐり、黄瀬川を渡って長泉町に入ったところで国道から離れて線路沿いの静かな道を行く。住宅地の間には畑やミカン園も見られるようになった。御殿場線は上り勾

カツ丼　鳴門巻きとグリーンピースが彩りを添えている

配が続いている。元々は複線だったため線路の周りは余裕がある。『煙草屋踏切』という面白い名の踏切があった。

下土狩駅近く、県道に出たあたり、富士山を真正面にして『富士見軒』という食堂があった。

「すみません、もうすぐ暖房効きますから」

おかみさんが急いで暖房とテレビのスイッチを入れる。外の看板には広東料理と書かれてあったがメニューはラーメン、カレー、丼もの中心だ。看板にあったカツ丼を注文した。卵でとじた上に鳴門巻きが二枚乗っているところがいい。肉も厚めだ。

「うちは冷凍ではなく生の肉使ってます」

常連らしい先客が一人、ビールを飲んでいた。

「中華丼の上だけってのは、だめかい？」

「あるけどそんなのおいしくないよ」

「つまみにしたいだよ」

「野菜炒めでもいいかい？」

そんなやり取りを聞きながらカツ丼をいただく。

鮎壷の滝への道を聞いて店を出た。黄瀬川が富士山の溶岩を刻んで流れ落ちる鮎壷の滝は滝つぼが広く、滝を上れないアユが多く見られるところからこの名がある。

下土狩駅は丹那トンネル開通以前はここが三島駅で、修善寺までの駿豆線もここが起点だった。駅前に出てから長泉町役場の前を通る道を行く。役場の筋向かいの小公園にカエルと奇妙な生き物の像を見つけた。モリアオガエルとサンショウウオだそうだ。ニュージーランドの鳥キウイの石像もあった。それぞれそれなりの理由があって置かれている。

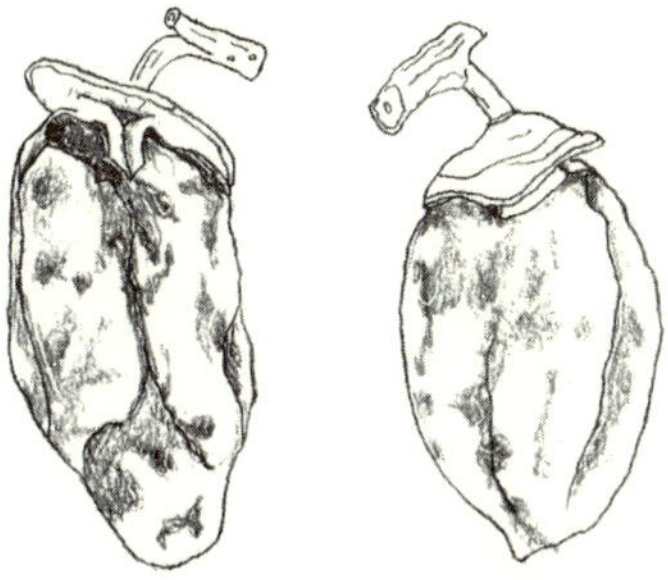

四ツ溝柿の干し柿　富士・愛鷹山麓に多い

長泉なめり駅は二〇〇二年（平成十四年）に開業した新しい駅である。エレベーターもあるが駅員はいない。『なめり』とはこのあたりの地名『納米里』を仮名書きしたものだが、平仮名で書かれると語感がますます気になる。県道を裾野駅に向かって歩く。交通量は多く両側は住宅や会社などが続いているだけ、それに上り坂だ。のんびり歩くつもりが耐久徒歩レースに参加している気分になってきた。

裾野駅に着いた。だいぶ疲れて足も痛いが、がんばって五竜の滝まで行くことにした。途中ＪＡのふれあい市というの

ＪＲ御殿場線　裾野駅

があったので寄って四ツ溝柿の干し柿を買った。四ツ溝柿はみぞ柿、するが柿とも呼ばれ、富士山麓、愛鷹山麓で植えられているカキのほとんどはこれだ。小さめのカキで、焼酎で渋抜きしたものは柔らかくておいしいが日持ちがしないので遠くまでは出荷できないと聞いたことがある。

　五竜の滝は黄瀬川が溶岩の間を五条の滝となって流れ落ちるものである。あたりは公園として整備されているが人影はなく、名物の手打ちそば屋も閉まっていた。

　裾野駅で帰りの電車を待つ。蒸気機関車全盛時代、目の前の線路を前と後ろに機関車をつけた超特急燕号が疾走していた姿を想像しようとしたがイメージできない。もう時がたちすぎている。

12　静岡鉄道　新静岡〜草薙

（二〇〇八年一月四日）

静岡鉄道は、清水港から輸出する静岡のお茶の輸送から始まった。だからなのか、以前は静岡市内の茶町近くから旧清水市の港橋までつながっていた。現在は静岡市内の葵区新静岡から清水区新清水までの一一キロメートルを結ぶ通勤・生活路線で、全線複線、二両編成のステンレスカーが朝夕は五分、昼間でも六分間隔という高密度で運転されている。ワンマン運転だが運転手による運賃、切符の扱いはなく、多くの駅は無人で自動改札、監視カメラとインターホンで集中管理されているなど、ちょっと新交通システムみたいだ。

ショッピングビル隣接の新静岡駅を出るとすぐに隣の日吉町駅に着いた。音羽町、春日町、柚木と、このあたりは五〇〇メートル間隔で駅が連続している。音羽町と春日町は島式ホームで、駅よりも電停という呼ばれ方が似合っている。

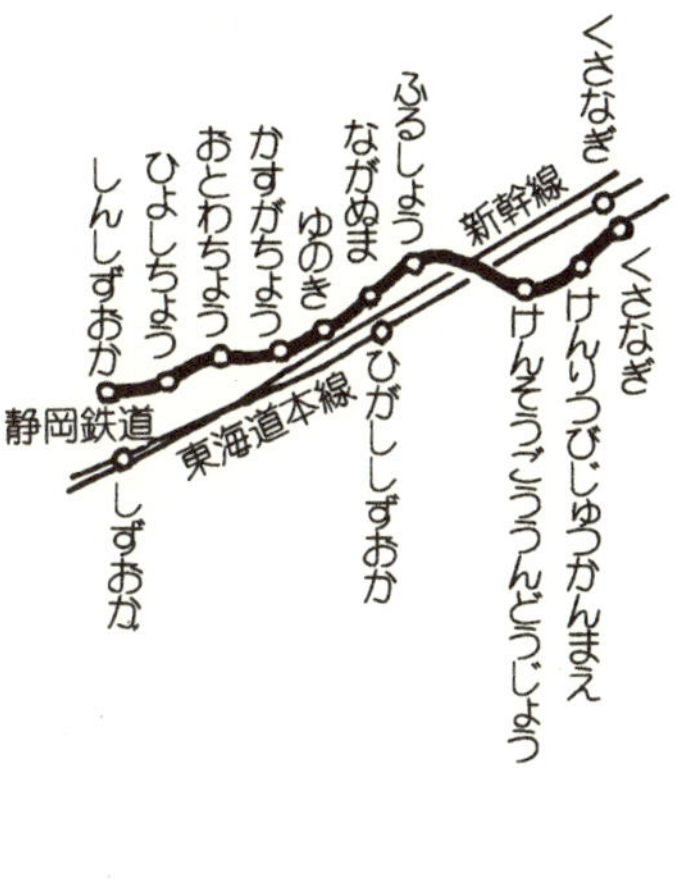

音羽町駅手前の踏切の正面に清水《きよみず》寺が見えた。今年はまだ初詣していなかったのを思い出し、

静岡鉄道　音羽町駅

お参りする。静岡の街の中に島のようにある谷津山の西の裾に今川家によって建立された寺で、京都の清水寺にちなんで音羽山清水寺の名がある。境内にはいくつかの句碑や苔むしたたくさんの石仏が並んでいた。観音様に『しじゅうご縁』のあるように四十五円を賽銭箱に入れる。帰りがけ、参道の石畳に迷い出て困っていたミミズを見つけたので森の中に戻してやったが、ミミズの恩返しとはどのようなものだろうか。

春日町駅の北には白い壁と薄緑色の湾曲した屋根の教会がある。門には、静岡ハリストス正教会とあった。聖ニコライによって伝えられたロシア正教の教会だ。静岡にロシア正教とは意外だ。ここは初詣というわけではなく見学。建物をぐるりと一周してきた。

国道一号線のガードレールと線路の間を行く

と柚木駅だ。護国神社の最寄り駅でもある。正月も四日目だがまだ参拝客で賑わっていた。社殿の背後の谷津山の斜面は古代からあるかのような照葉樹林に覆われているが、説明板によるとじつは献木による人工林なのだそうだ。ここまで育つとはたいしたものだ。お賽銭は五円玉がないので五〇円。『二重のご縁が重ねがさね』ありますように。

線路は旧東海道に並行する。長沼駅前に『おでん』と書かれた赤提灯を見つける。『あおしま亭』という定食屋だ。

「一人ですがカウンターの方がいいですか?」

ちょうどお昼時、これから混みそうな時間なので遠慮がちに聞いた。

「そちらでいいですよ」

そう言ってくれる店はうれしい。お姉さんの言葉に甘えてテーブル席に荷物を置く。

「フライは何がありますか?」

「はんぺんにアジフライにタマネギ、あとはコロッケにメンチ。アジフライはどうです?」

「えーと、はんぺんフライをふたつにタマネギ、それにトン汁とライスの小。あと、おでんは自分で取ります」

おでんはもちろん串に刺した静岡おでんだ。ごぼう巻きとコンニャクとダイコンを選び、イワシのだし粉と青のりを振りかけた。静岡だからフライのはんぺんも黒はんぺんだ。おでんや

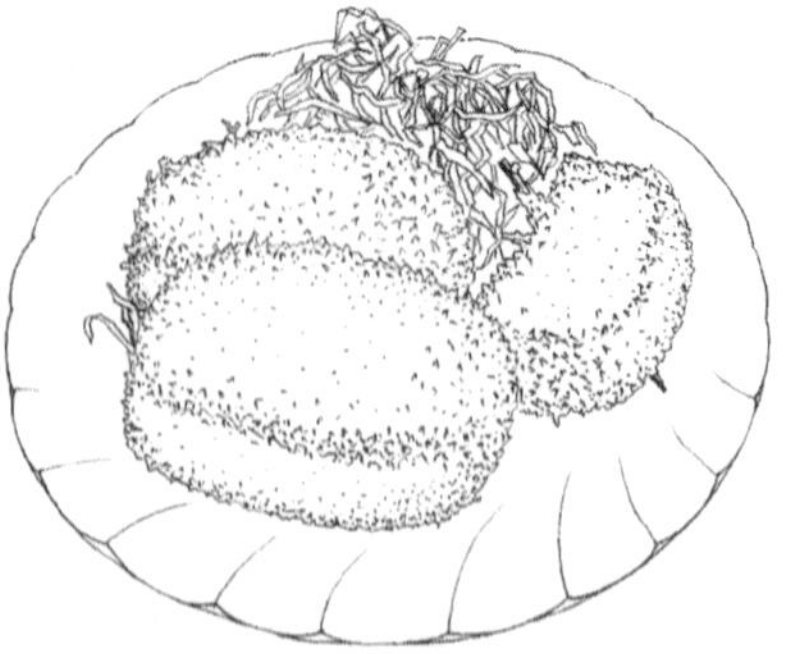

はんぺんフライとタマネギフライ　はんぺんはもちろん黒はんぺん

ワサビ醤油で食べるほかフライにすることも多い。出されたフライのはんぺんの厚さに驚いた。厚いところは二センチ近くもあるではないか。いいものを使っている。

じつは近頃トン汁が気になっていた。学生時代東京に出るまでは『豚肉入りの味噌汁』くらいに理解していたのだが、サトイモにゴボウ、コンニャク、さらには油揚げまで入っているのを知り、なにもここまで入れなくてもと思った。同じ東京でも野菜はキャベツだけのトン汁の店もあって、それはそれでおいしかった。去年見つけた、新潟県妙高市の行列のできるトン汁屋は、豆腐とたっぷりのタマネギだけだった。トン汁に地域差ってものはないのだろか。静岡のこの定食屋のトン汁はダイコンが多く、あとはニンジン、シイタケ、サトイモで、『豚肉入りの味噌汁』に近い。以後トン汁には気をつけたがこれといった収穫はなかった。分かったのは西の方ではブタ汁、東の方ではトン汁と、呼び名に地域差があることくらいだ。静岡では両方が使われ、トン汁が優勢のように思う。

長沼駅には車庫がある関係で島式と単式の二つのホームがある。構内には三編成の電車と作業用のモーターカー、無蓋貨車が置かれてあった。車庫の中には、有蓋貨車にパンタグラフと運転席がついた珍しい電動貨車デワ1もあるはずだが、ここからは見えない。

古庄駅を過ぎると線路は、国道一号線、大谷川放水路、新幹線、在来線、貨物線と、次々とまたいで県総合運動場駅に出る。歩く方は、狭くて曲がっていて車が来ると怖い秘密の地下道みたいな通路で線路の下をくぐって運動場駅に着いた。以前急行電車が走っていた時ここで各駅停車を追い越したため、上下線とも待避線がある。

県立美術館前駅は美術館の開館に合わせて開業した新しい駅だ。そして線路脇の道をまっすぐ行くと草薙駅が見えてきた。ＪＲ線との乗り換えにはここが一番便利である。

13　箱根登山鉄道　鉄道線　小田原～箱根湯本

（二〇〇八年一月十五日）

箱根登山鉄道は小田原から強羅までの登山電車で、急勾配、急カーブが続くため、線路幅も広い標準軌である。平坦区間の箱根湯本までは狭軌の小田急電車が乗り入れるために珍しい三線軌条となっていた。これが二〇〇六年（平成十八年）三月から小田急電車のみの運行となり、三線軌条は撤去された。登山電車は『ひさしを貸して母屋をとられる』と言っていいのかどうか、自分の会社の線路を走れなくなってしまった。三線軌条が残っているのは車庫のある入生田《いりうだ》から箱根湯本の間だけである。

冬のくもり空は寒い。小田原駅を出るとかまぼこと干物の町であることがすぐ分かる。駅前の道を右に折れて小田原城のお堀に出る。町の中に広い水面があるとほっとする。お堀を過ぎた右手に、お城風のお城より立派な建物があった。三の丸小学校だ。直進すると国道一号線に出た。右に折れると、またお城風の建物があった。『ういろう』のお店だった。ういろうと言うと名古屋名物の羊羹に似た形のお菓子が知られているが、もともとは民間薬の名であって、

それを作っていた外郎《ういろう》家が来客用に作ったのがお菓子のういろう、ということだとか。ここではその両方が売られている。

道路の反対側にも古そうな薬屋が見える。『済生堂薬局、創業寛永十年』と書かれてある。中に入ると薬研や上皿天秤など昔の薬屋で使われていた道具が並べられ、その後ろにはたくさんの木の引き出しがあった。

「それみんな現役なんですよ」

ご主人はそう言って一つの引き出しを引いた。

「これはトウヤク。センブリと言います」

中にはセンブリを乾燥させたものやセンブリ粉と書かれた袋などが入っていた。

湯本方面に少し行くと『ちん里う』という店があった。有名な梅干の老舗にしては店構えが小さい。

「『ちん里う』の本店なんですか？」

「いえ、本家です。本店は駅前にあります。大正時代小田原駅ができた時、駅前に店を出したんです。親戚になります」

明治時代から漬けてある梅干などが展示されていた。梅干や漬物などの商品は小袋に入っているので、いろいろな種類を買いやすい。

箱根登山鉄道　箱根板橋駅

「『ほととぎす巻』はありますか？」

　五個入りのものが二パックだけ残っていた。『ほととぎす巻』とは、和辛子、ゴマ、落花生の粉などを砂糖蜜で練り、シソの葉で包んだ三～四センチほどのお菓子のような、おかずのような、本当はお酒のつまみである。あまりの辛さにホトトギスのような悲鳴をあげるからだと言うが、家で食べてみたがそれほど辛くはなかった。そこでまた小田原を訪れた時に別の店で『ほととぎす巻』を買ってみたが、これまた辛くはなかった。初めて食べた時には辛くて悲鳴をあげた覚えがある。『ほととぎす巻』が甘くなったのか、自分の味覚が鈍くなったのか。

　やがて東海道本線と登山鉄道、そして新幹線のガードをくぐったら、左にあっけなく箱根登山鉄道の箱根板橋駅があった。駅前広場も駅舎も小ぢんまりとしていて、ホームに出るための跨線橋ばかりが目立つ。

箱根登山鉄道は単線である。小田急の赤いロマンスカーと白いロマンスカーが駅ですれ違っていた。長く大きな車体が国道を越える鉄橋に向かってゆっくりと上ってゆく。登山電車にとっては平坦区間でも、最大四〇パーミルの勾配や曲がりくねった線路はロマンスカーにはきつそうだ。よくわからない色のロマンスカーも来れば、近く地下鉄を通るロマンスカーも登場すると聞く。歴代ロマンスカーを並べると、ウルトラマンシリーズのような面白さがある。

小田原厚木道路の下をくぐると正面に双子山が現れた。山頂は霧に包まれ山腹には雪のような白い部分が見える。かまぼこの鈴廣本店の建物が見えてきた。その裏側が風祭駅だ。ホームが短く、長い編成の小田急電車は『女性専用』の一号車からしか乗り降りできなかった。この区間では男も一号車に乗っていいことになっているのだが勇気がいりそうだ。そこで島式の短いホームから対面式の長いホームに変える工事が行われていた。いい感じの古い木造駅舎も建て替えられていた。新しい駅舎には小田急電車しか発着しなくなっても『箱根登山電車風祭駅』としっかり存在を示すかのように書かれてあった。

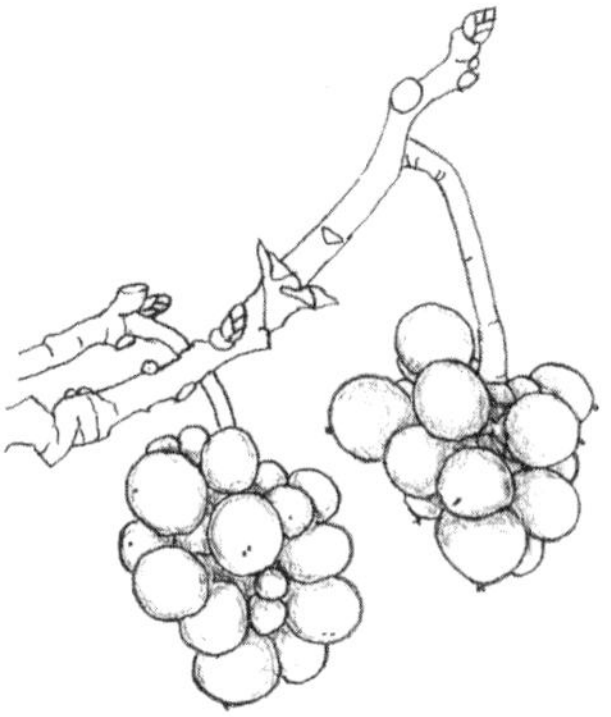
和菓子のかのこのようなサネカズラの実　入生田駅付近

箱根登山鉄道　入生田駅　左側の線路は三線軌条になっている

国道をさらに進むと、入生田車庫入口と表示された道路信号があったので、踏切で線路の北側に出る。住宅と畑の間の道は静かで庭先にはスイセン、ツバキ、ボケの花まで咲いていた。和菓子のかのこに似たサネカズラの赤い実もあった。茎の切り口から出る粘り気のある液で男が髪を整えたところから『ビナンカズラ』とも呼ばれる。入生田車庫の横を抜けると入生田駅に着く。駅の先の踏切で三線軌条を確認した。

湯本に向かう途中、二つの水力発電所があった。北側のパイプは早川の水を、南側の対岸の斜面を降りてくるパイプは須雲川の水を運んできたものだ。エネルギーはダムも火力も原発も問題が多い。こうした水路式の水力発電だけでもよかったのではないかと思った。炭と薪と牛と馬と、あとは夜明るくする程度の電気だけで、何とかやっていた時代もあったではないか。

湯本に到着。箱根湯本駅はまるで小田急線の終点、箱根登山電車の起点のように見える。駅を出た登山電車はさっそく八〇パーミルの急勾配を力強く登っていった。

帰りは入生田駅で下車した。ホームの先端から入生田車庫への線路を確かめ、改札を出て『生命の星・地球博物館』に寄った。南硫黄島の自然展を見るためである。過去に人が住んだことのない島は人を寄せ付けず、それだけに過酷な調査だった。過酷だったはずなのに、隊員はみな楽しそうだった。

14　豊橋鉄道　渥美線　新豊橋～芦原

（二〇〇八年一月二十六日）

ＪＲ豊橋駅を出て右に階段を降りていった所の交番の先に豊橋鉄道の新豊橋駅があった。渥美線は三河田原駅までの十八キロの路線である。起点駅だがホームも線路も一つだけだ。元東急のステンレス車の一部を赤く塗った電車が到着した。三両編成で十五分間隔で運行されていて、中には青色、黄色に塗られた編成もある。

　線路に沿って行くとＪＲの線路との間で高架化工事のようなことが行われていた。

「この電車を高架にするんですか？」

　現場入口の踏切で交通整理をしていた人に聞いた。

「あれは歩道です。電車はその下になります」

　詳しく聞きたかったが、踏切が鳴り出した。どうもＪＲの豊橋駅

ツバキの花　小池駅付近

豊橋鉄道渥美線　柳生橋駅

に直結させるようだ。

柳生橋駅は古いモルタルの駅舎で壁の汚れ具合がまたいい。裏側にある理容所の看板もレトロ感を増している。電車はここから右にカーブしながら坂を上って東海道本線を越える。道路の方は柳生川を渡って踏切で反対側に出る。

小池駅は無人駅だが、新豊橋までは線路は一本なので、列車のすれ違いは必ずここで行われている。小公園の脇にはツバキの花が咲き、また散り始めていた。小道と民家の間の小さなクスノキの葉には、死んで空になったアオスジアゲハのサナギが付いていた。横に寄生蜂が出た穴があいている。

やがて電車はトンネルで高師口の大きな交差点の下をくぐり、歩行者は交差点の上を歩道橋で越える。再び線路に出会った先が愛知大学前

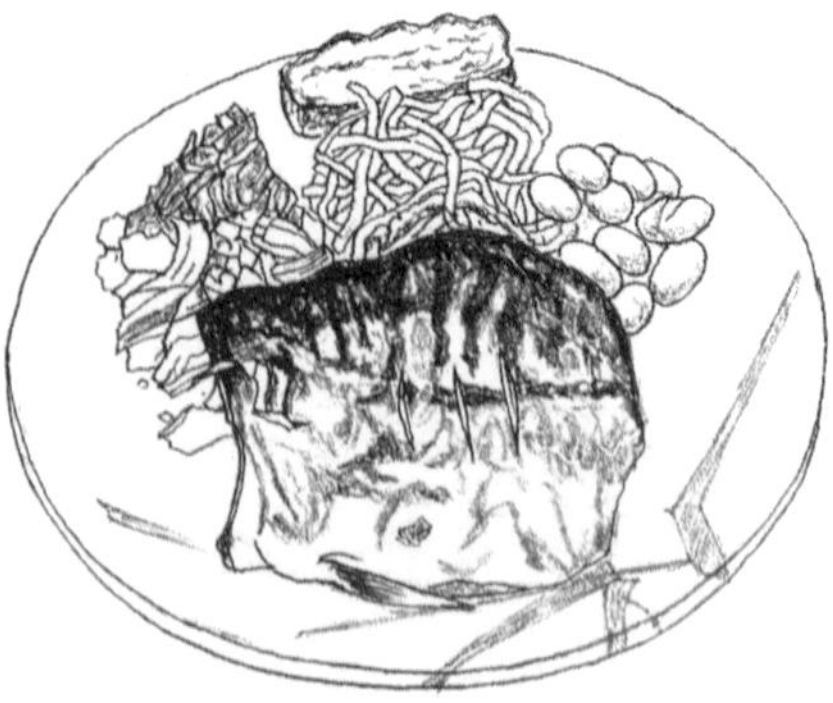

焼サバ定食　金時豆・玉子焼き・切干大根などが添えられている

駅である。学生運動の話を聞かなくなって久しいが、門を入ったところには『対当局要求行動へ！』と書かれた自治会の立て看板があった。がんばってるな、でも身の回りの要求だけじゃないか。そのくらいじゃないと、みんなついて来ないのだろう。革命とまでは言わないが世界平和には程遠い。

道路の反対側にある『富本食堂』で焼サバ定食を食べる。サバの他に玉子焼き、金時豆、切干大根、おひたし、それに赤出汁とデザートにミカンが一つついて、これで四三〇円。安いだけあって結構賑わっている。

交通量の多い国道二五九号線を行く。南栄駅は駅の正面に田原街道時代からのものか大きな二本のマツが立っていた。かつて陸軍の演習場だった高師緑地公園の間を通って高師駅に。ここには車庫があって、十両前後の電車と作業用モーターカー、それに砂利運搬用の貨車が三両置かれてあった。

国道を離れ住宅地と線路の間の小道を行く。やがて下り坂となり、無人の芦原駅に着く。線路はそのまま梅田川の鉄橋に向かっているが、道路の方は橋のある所まで大きく迂回しなければならない。ということで、今回はここでおしまい。電車で新豊橋に戻る。

15　天竜浜名湖鉄道　豊岡～西鹿島

（二〇〇八年二月三日）

雪を見て喜んでいたら静岡県人と思え、と言われるほど静岡に雪は降らない。珍しい降雪の予報に思い切って出かけてみたが、やっぱり雨だった。

白に緑のラインの入った気動車を豊岡駅で降りた。この豊岡駅も、一つ手前の敷地駅も、旧二俣線時代の古い駅舎は改築され、豊岡駅などは商工会館と一緒になっていた。駅前の道を西に向かう。豊岡梅園の案内板があった。白いウメもスイセンの花も、冬の雨の中では寒々としか感じられない。

やがて踏切の脇に、ホーム上に小さな待合室があるだけの上野部駅があった。昭和の初め、今の磐田から二俣間に光明電気鉄道というのがあって、将来は日本海まで延ばすという大風呂敷な計画だったが、経営不振でわずか七年間で廃止となった。最後は電車の会社なのに電気を止められてしまったという。この上野部駅もその先のトンネルも光明電鉄のものを旧国鉄が買い取ったものである。

道は左に天竜川を見下ろすようになる。河川敷は平野部に残された最後の自然だった。この

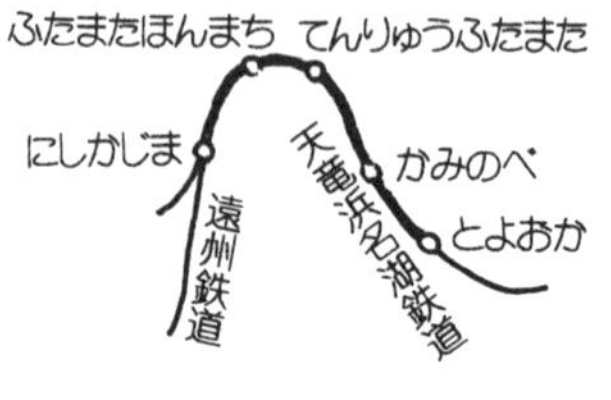

天竜浜名湖鉄道　天竜二俣駅の転車台と扇形庫

辺りの河川敷や堤防には、もう静岡県からは絶滅したであろうシルビアシジミをはじめ、分布が限定されるチョウが数多く生息していたものである。堤防の草地の管理や河川敷の利用も変わり、ダムのために上流からの土砂の供給もなくなった。植生は変わり、昆虫も変わった。

　やがて貯木場の木の香りがして、給水塔、扇形庫、それに天浜線、つまり天竜浜名湖鉄道の気動車が見えてきた。天竜二俣駅の機関区である。ここでは蒸気機関車の向きを変えた転車台が、扇形庫と共に、気動車の時代になった今でもそのまま現役で使われているのがうれしい。広い構内の西側には、懐かしいオレンジ色のキハ２０と寝台車ナハネ２０が置かれてあった。駅前の公園にはＣ５８蒸気機関車も展示されている。寝台車は似合わないが、キハとＣ５８は

天竜浜名湖鉄道　天竜二俣駅

公園なんかより、構内の給水塔の下あたりのそれらしい場所に置いて、実物のジオラマにしたらいいのにな、と思った。

天竜二俣駅の駅舎の一部は『彩花彩菜』という菜めし田楽などの店になっている。菜めしとはダイコンの葉を混ぜ込んだご飯、田楽は串に刺した豆腐に味噌をつけて焼いたものだ。遠州や三河ではその二つがなぜか結びついて郷土料理『菜めし田楽』となっている。お店のメニューには『田楽セット』となっているが、簡単な食事にしたいのでと、菜めしと田楽だけでお願いした。漬物が付いて七八七円だった。

小雨の中を『秋野不矩《ふく》美術館』に向かう。これまでにも車で行ったことは何度かあったが、天浜線に乗って二俣川に沿った一〇分ちょっとの道を歩いて行くのがふさわしい。左に毘沙門

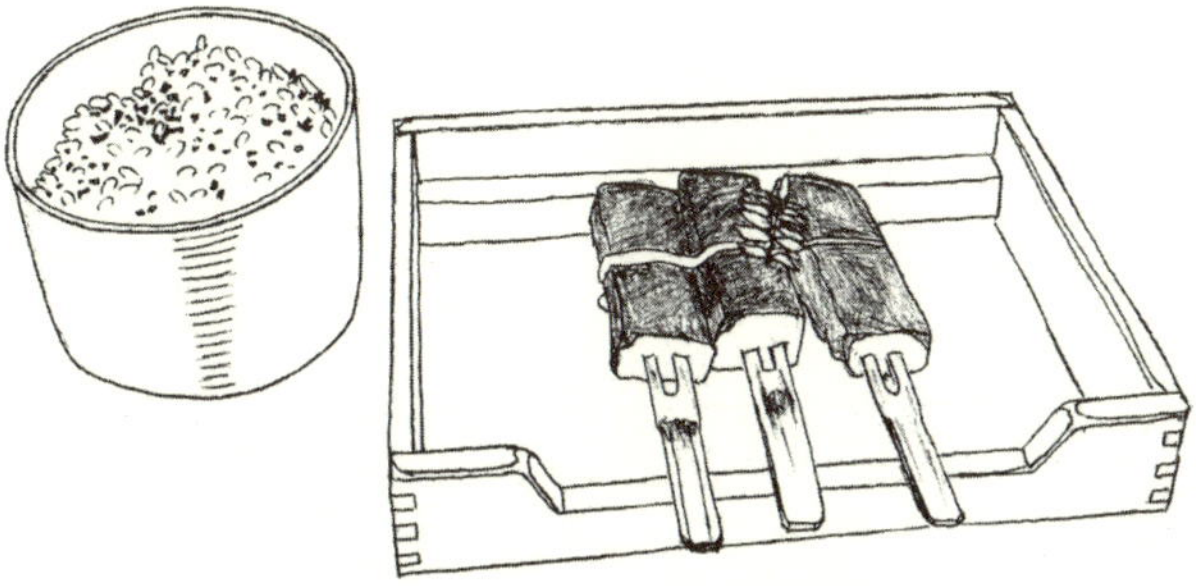

菜めし田楽　ダイコン葉を混ぜたご飯と田楽味噌を塗った豆腐

堂、右の崖には光明電鉄のトンネル跡があって、そして崖下に石仏群のある栄林寺に出た。『草木を親しめる寺』として木々には小さな説明が添えられていて、崖にまで『中新世の二俣層礫岩』といった説明があった。

「あの山がV字型になっている所が赤石裂線ですよ」

通りかかった老人にいきなり専門的な話をされて面食らった。中央構造線につながる大断層赤石裂線の名前くらいは聞いていたが、それがどこを通っているかまでの関心はなかった。

「あの山は三波川帯で、上には天竜川の礫が乗ってます、向こうは秩父帯です。この辺りは最終氷期の粘土層が三〇メートルの深さまでありますよ」

おそるおそる、学校の先生ですかと聞いてみたが、そうではないと言う。博学な方で、栄林寺の着生ラン、廃仏毀釈で打ち捨てられていたという三十三観音、秋野不矩さんの生家のことまで教えていただいた。

秋野不矩美術館は、裸電球の付いた木製の電柱が並ぶ坂を

天竜浜名湖鉄道　二俣本町駅

登った所にあった。彼女がインドに旅立ったのは五十三歳の時である。以来、インドの人々や風景をモチーフにした日本画を描き続けてきた。個人的には廃墟や神像を描いたものが好きだ。

　町に戻る。二俣本町駅は鳥羽山に続く丘陵の北麓にある無人駅で、駅舎の半分はそば屋になっている。トンネルをくぐって天竜川にかかる橋の手前に『歴史散策路展示休憩施設・田代家』という難しそうな案内があった。行ってみよう、左に折れた所にあったのが筏問屋だった田代家という旧家だった。中から話し声が聞こえる。入ると二人の高齢のご婦人がストーブを囲んでおしゃべりをしていた。

「あがってゆっくり見ていってください、お茶でもどうぞ」

「広いですね、管理も大変でしょう」

「土日とハタ日だけ開けてます。二階まである家は昔は珍しかったですよ」

箱階段を上がった二階には、古い雑誌や蓄音機なども展示されていた。

鉄橋で天竜川を渡るとやがて右に赤い電車が見えてきた。遠州鉄道の西鹿島駅である。天浜線の西鹿島駅のホームは遠州鉄道の改札を入って地下道をくぐった先にあった。


（＊参考：『静岡県鉄道興亡史』森信勝・静岡新聞社）

16　伊豆急行線　稲梓～伊豆急下田

（二〇〇八年二月十日）

伊東から伊豆急下田までの伊豆東海岸を走る伊豆急行線は一九六一年（昭和三十六年）に開業した、静岡県内で一番新しい鉄道である。当時の新聞には『第二の黒船』などとも書かれていた。

名古屋や関東地方に雪を降らせた低気圧も通過し、すっかり春らしい天気になった。大室山の山焼きは積雪で延期だそうだが、昨日からは河津桜まつりも始まっている。春である。車窓には初島、やがて伊豆大島から利島、新島が見えてきた。電車は赤色に白の斜線の入った元ＪＲの１１３系あたりの近郊型電車なので、私鉄といった感じがしない。伊豆急行線ははじめから旧国鉄伊東線の延長のような鉄道だったと思う。東京方面から直通の特急踊り子号は頻繁に走っているし、普通電車もみな伊東線直通である。

カワヅザクラ　咲き始めだった

稲梓《いなずさ》駅は伊豆急行で最も静かな駅である。集落を見下ろす高い

伊豆急行線　稲梓駅

所にあって、階段があるので車で駅に入ることはできない。階段を下りて蓮台寺駅に向かって歩き始める。高い鉄橋の下をくぐったあたりの道路わきにフキノトウを見つけた。さすがに南伊豆だ。

　稲生沢《いのうざわ》川沿いの旧下田街道をしばらく行ったところがお吉ヶ渕である。『唐人お吉』という呼び名も偏見があると思う、アメリカの領事ハリスに仕えた『斉藤きち』は、短い期間病気のハリスの看病をしただけだったのかもしれないのだが、外国人の妾、ラシャメン（洋妾）お吉などと軽蔑嘲笑され、晩年は身を持ち崩して、豪雨の夜この稲生沢川に身を投げたと言う。小さなお堂の中には地蔵と観音のような仏像が安置され、お酒と共に英語のメッセージの書かれた押し花も供えられていた。河川敷には小公園

映画『バーバー吉野』のロケに使われた床屋

が作られ、池にはたくさんのニシキゴイが泳いでいる。

ナマコ壁の蓮台寺駅の向かい側が河内温泉である。組合員以外お断りと書かれた地元の人向けの共同浴場があって、清掃当番表が貼ってあった。隣は千人風呂の看板のある温泉旅館だ。

蓮台寺温泉まで足を延ばしたのは、映画『バーバー吉野』のロケに使われた床屋を見たかったからだ。『その町の少年たちの髪型は《吉野ガリ》と決められていた』という設定で始まる、もたいまさこ主演の映画である。床屋の本名は『東京軒』というこれも洋食屋のようないい名前だった。残念ながら映画では看板に大書きされてあった『電話四一八八《ヨイバーバー》』の文字はなかった。

そのまま『吉田松陰寓寄処』にも寄ってみた。ペリー艦隊での密航を企てた吉田松陰が皮膚病の治療のため計画実行の直前まで身を寄せていた医師の村山邸である。松陰の隠れていた家という話題性で残されたのだろうが、江戸末期の村医

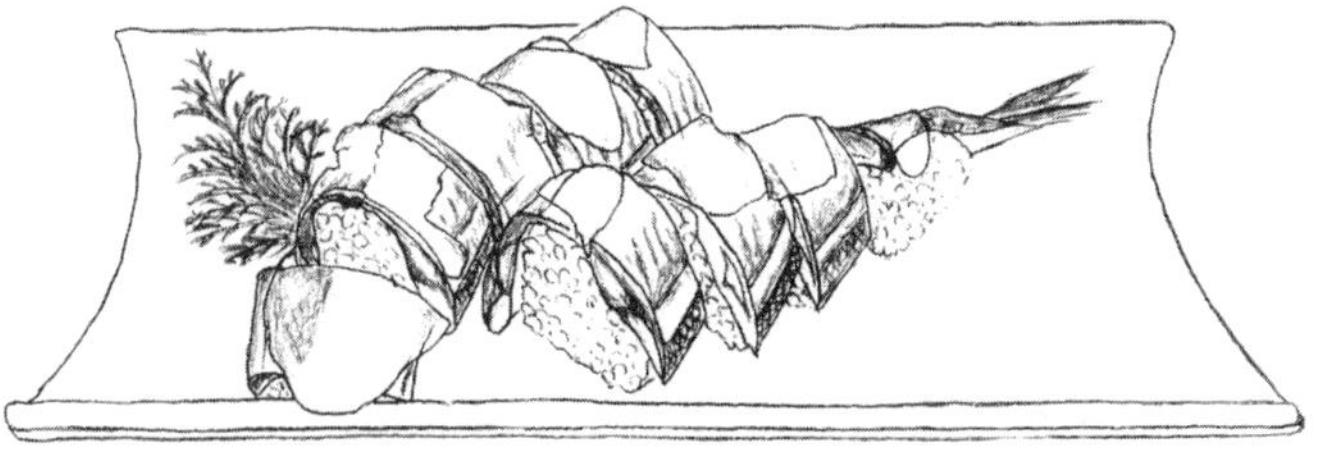

さんま寿し　薄切りのショウガが乗せられている

者の家としての価値の方が大きいと思う。

　再び下田街道に戻る。ひもの製造直売と書かれた店でキンメダイの粕漬けを買い、下田の町に着く。駅前に『香煎通り』という名の小路があって、説明板によると、その昔香煎をのどに詰まらせて死んだ『こうせん婆さん』と呼ばれた老婆がいて、その墓にお参りしたら咳が治ったところから喉の神様と言われるようになったそうだ。このところ咳が止まらなくて困っていたのでその香煎塚にお参りする。お堂の奥には、なにやらお墓のような石が置かれてあった。

　駅前の店に『さんま寿し』の札を見つけたので、遅い昼食をとる。背開きした酢じめのサンマでご飯を包み込むようにしたもので、ショウガが覆いかぶさるように乗せられてあった。できるのを待つ間、テーブルに置かれてあった『下田歴史クイズ』をめくってみた。幕末に下田に来たロシアの提督はプーチンかプチャーチンかプッチンプリンか、とか、その船の名はディアナ号かマンギョンボン号か、などといったすごいクイズだった。

　帰りの電車は、海側の座席はみな窓側に向けてある『リゾート21』。

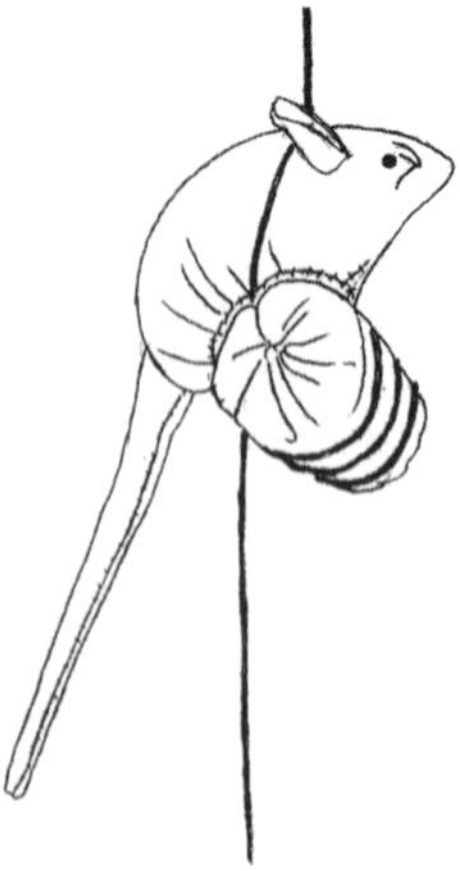

雛のつるし飾り　ネズミは俵の番人？

最後尾の展望席に座った。乗客はみな後ろ向き、車掌は前を向いているので、目が合ってしまわないかと何か落ち着かない。河津駅で下車、河津桜まつりを見る。カワヅザクラはまだ咲き始めたばかりだが、河津川沿いにはたくさんの露店が並んでいて賑わっていた。桜まんじゅう、干物、ミカン、隣の稲取温泉の名物である『雛のつるし飾り』の店もあった。たくさんの縁起のよいつるし飾りが売られていた。

「みんなおばちゃんの手作りだからね。ネズミは俵の番人金庫番、ウサギの赤い目は邪気を払う、フクロウはね、フ、クロウ、苦労がないってこと！…」

17　大井川鉄道　大井川本線　福用～抜里

（二〇〇八年二月十一日）

福用の地名を初めて知ったのは高校一年生の時、昆虫同好会の会報『駿河の昆虫』の『福用のウスイロコノマチョウ』という短い報文を読んだ時だった。添えられた簡単な地図には線路と大井川の河原との間にヤナギの林の印があって、クロコムラサキもいるだろうな、いつか行ってみたいなと思った。今はその場所は砂利採取所になってしまったが、福用の名が懐かしく感じられるのはそのせいだろう。

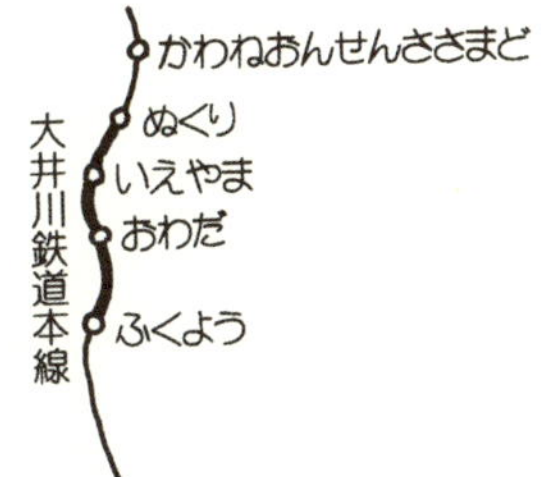

駅舎は新しく改築されて山小屋風のような、でも神社のようにも見える。北に向かって歩き始める。町は静かだ。踏切の所で道路は右の大井川に沿って迂回し、線路は左の谷をトンネルに向かって続いている。ちょうど金谷行きの、薄緑色の元南海電車が下って来た。

左右を山に挟まれた大井川の河原を見下ろしながらの道は、景色はよくても幅広い新しい道路では面白みに欠ける。ジョウビタキに導かれるようにしてようやく大和田の駅に近づく。

大井川を見下ろすところに白いピラミッド型の建物があって、手前に『喫茶去』と書かれた

抹茶と手作りのお菓子

旗が立っていた。恐る恐る戸を開けてみると、中は温かみのあるログハウスのようでもあり、テーブルの高さに囲炉裏があって自在鉤には鉄瓶がかかっていた。店の名前は『お茶ぼっこ』。《喫茶去》は店名ではなく、『まあ、お茶でもどうぞ』という禅語だった。明るい窓の下には線路が見え、お茶を楽しみながら蒸気機関車を見下ろせる贅沢さ。先客の男性が二人、寸又峡温泉の帰りに大和田駅で途中下車して訪ねてきたらしい。マスターの道楽で開いているような店で、煎茶を頼んだら抹茶に和菓子、煎茶は二通りの入れ方で、クッキー、かりんとう、それにザボン漬のようなものまで添えられてきた。かりんとう以外はみなマスターの手作りで、ザボンかと思ったのはスイカのように巨大なミカンの一種、晩白柚《ばんぺいゆ》の皮の砂糖漬けだった。テレサ・テンの歌なんか聞きながら全部で三〇〇円。え？三〇〇円でいいんですか？

道が下り坂になって桜並木を抜けると家山川である。橋を渡った先から河原に降りて、鉄橋を渡る蒸気機関車を待つ。初めてここに来たのは三〇年以上も前のことだ。河川敷にはミヤマシジミがいっぱいいて、コゴメヤナギの木の周りにはクロコムラサキも飛んでいたものだった。やがて汽笛が聞こえ、煙が見えてきた。Ｃ１１が客車を四両だけ引いている。電気機関車の補機はない。上り電車とのすれ違いのためか目の前で最徐行した。窓を三分の一だけ開けて外をのぞき見ている子どもたち、缶ビールをいっぱい並べている大人たち。

大井川の河跡湖である野守の池を一周した。夢窓国師を恋い慕い京都から追って来た遊女野守太夫が身を投げたところからこの名があるという。ヘラブナ釣りの人が多い。

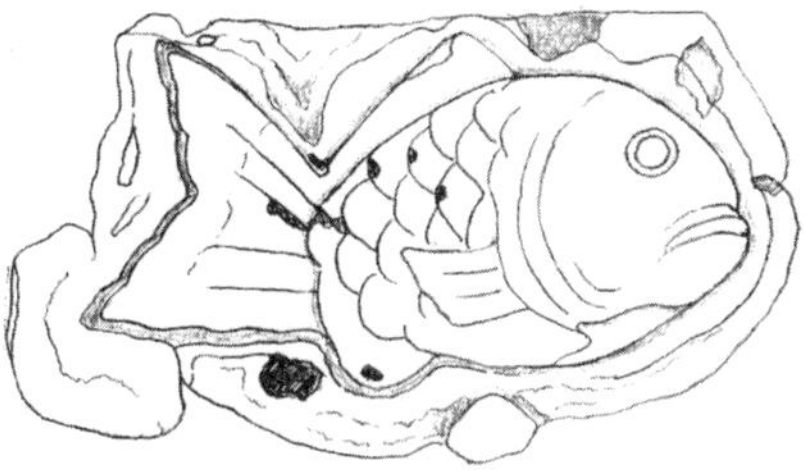

抹茶鯛焼き　緑色で抹茶の香りがする

家山の街中の小道に『食事処　たいやきや』と書かれた店があった。お好み料理とも書いてある。鯛焼きを食べさせてくれる店なのか、『たいやきや』という名の料理屋なのか。何しろ角には『たばこ屋』という名の食堂もあるのだから。思い切って入ってみるとカウンターがあって座敷席もあるではないか。

「あの、こちらは何のお店ですか？」

変なことを聞くものだと自分でも思った。

「鯛焼き屋だよ」

大井川鉄道大井川本線　抜里駅

お兄さんが答えた。

「この子が調理師の免許も持ってるので、お料理を出すこともあるんですよ」

おかみさんが言った。

じつはこちらが知らずに入ってしまったのだが、テレビや観光ガイドブックでよく知られている『抹茶鯛焼き』のお店で、店の名も『たいやきや』と言う。きれいな緑色の鯛焼きでたっぷりお茶の香りがした。

「鯛焼きってのは、頭と尻尾のどっちから食べるのがいいんですかね」

また変なことを聞いてしまった。

「あんこが熱い時は尻尾からがいいです」

なるほど。はみ出したヒレのような部分がパリッとまたおいしい。一枚一四〇円。

三光寺の足地蔵様にお参りする。坂や階段を上った所にあって、本当に足の悪い人はここまで上ってこれないじゃないか。昔、家山川で片方の足を拾ったので供養したとのことだが、これは事故か事件だよ、そっちの方はどうなったのだろう。地蔵と言っても石に片方の『足そのもの』が刻まれている珍しいものである。

一山越えて抜里《ぬくり》地区に出た。茶畑が広がっていて、駅はそのはずれの大井川の河原に近いところにあった。駅舎と自転車置き場だけの静かな駅だった。踏切もないので電車が近づいてもレールの音がかすかにカタンカタンと聞こえてくるだけであった。

18　ＪＲ飯田線　豊橋〜豊川
（二〇〇八年二月二十三日）

豊橋駅の北口を出て、飯田線に沿って西に向かって歩き始める。駐車場、倉庫、鉄くずの工場…、繁華街とは対照的な風景が続く。朝から開いているうどん屋があったと思ったら青果市場の食堂だった。

線路が豊川の鉄橋に向かってゆるやかな上り坂になって、先に飯田線の船町駅が見えた。ガード下のような場所にある無人の小さな駅舎だ。駅舎の右脇の線路は枯れ草に覆われ、その先はコンテナ集配基地になっているが、今では出入りするのは自動車だけである。上下線の間の階段を上がって狭い島式のホームに出る。

「あれ、ホームには時刻表がないんですねえ」

一人寒そうに立っていたおばあさんに話しかけた。

「今日は冷え込むって言ってたけど、そうだね」

「天気も下り坂らしいですね」

小さな駅だがそれなりに乗り降りはあるようで、豊橋行きの一両電車には数人の乗客が乗り

ＪＲ飯田線　船町駅

込んでいった。このあたりは複線だが、じつは上り線はＪＲ東海の、下り線は名古屋鉄道の所有で、二社が共用して複線として使っている。だから同じ線路を名鉄の特急も次々と通過する。停車するのは飯田線の中でも三〇分に一度の一両電車だけである。

豊川の橋を渡った先には次の下地駅らしいものが見えている。鉄橋上を歩くわけにもゆかないので一区間だけだが豊川行きの電車に乗る。下地駅もガード下から上下線の間の階段でホームに出るというのは船町駅と同じだが、上下線の線路が離れているのでホームは両側に割れた島式というか、二つの単式ホームが通路で結ばれているといったつくりになっている。

水田地帯の道を小坂井に向かう。枯れ草の間からはオオイヌノフグリの青色の花が咲いてい

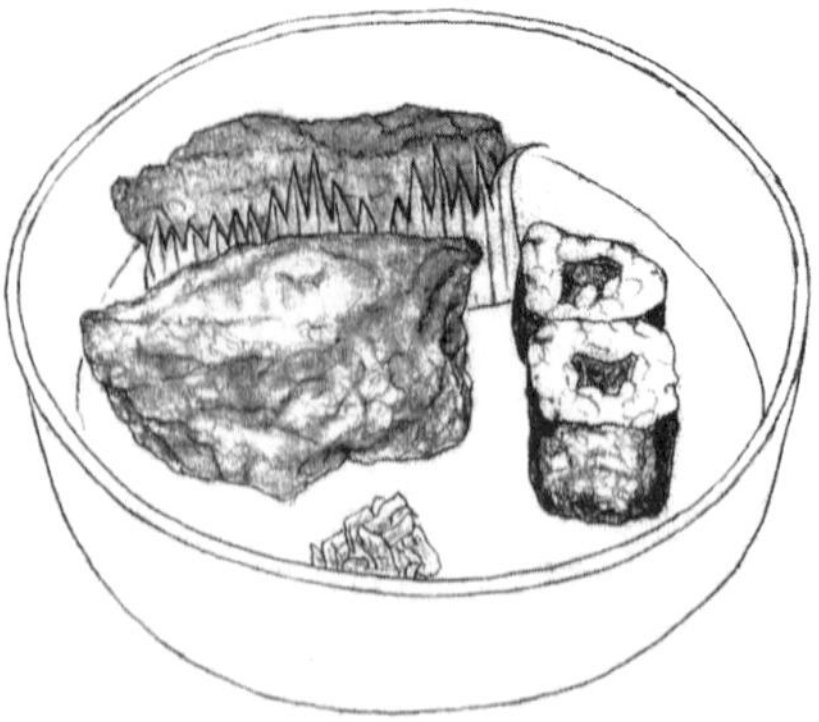

稲荷ずしとかんぴょう巻　きしめんとセットになったもの

る。黄色いタンポポ、濃いピンクのホトケノザ、ナズナの白い花も咲いてきている。豊川放水路を越えて小坂井町に入る。『とんぼ公園』というのがあった。水田の脇に水路や遊歩道が設けられ、水を張った人工の小池が並んでいる。今は越冬中だが夏にはどんな種類のトンボが見られるのだろう。

　小坂井駅は名鉄とは離れた飯田線だけの駅で、トンボをかたどったデザインのコンクリートの無人の駅舎があった。駅前の店は元は何を売っていたのだろうか、飲み物の自動販売機が横一列に並んでいるだけだった。

　豊川市に入った辺りで黒い雲が広がってきた。突風が吹いて、雨が降り出してきた。時々大粒になる。電話ボックスに逃げ込み雨宿りする。小降りになったところで歩いては、また民家のガレージに避難する。ようやく牛久保駅に着く。駅舎は改装されているが下り線のホームの木造屋根の梁はいかにも旧国鉄時代を思わせるものである。

　雨は上がってきたが今度は風が激しくなった。何かが飛んできやしないかと心配になる程だ。常盤通りと書かれた商店街を歩く。昔からの店が多いのか草履屋、漆器屋、乳母車屋もあった。

裏道には農具修理製造の看板を掲げた鍛冶屋もある。豊川にかけては家具屋も多い。今川義元の墓のある大聖寺を訪ねる。ウメの花の咲く道の奥にずっしりとした五輪塔があって新しい花が手向けられていた。桶狭間で織田信長の奇襲によって討ち死にした義元の胴体を家臣がここまで背負ってきて埋葬した胴塚である。

道路の先に踏切の標識が見え、左から名鉄豊川線の線路が寄ってきた。豊川線は国府《こう》駅から豊川稲荷駅まで。隣接する飯田線の駅名は豊川駅である。

時刻は二時近い。空腹なので味噌カツ定食の看板が気になって仕方がないがここは豊川、稲荷ずしだ。どの店にするか迷いながら表参道商店街を行くうちに豊川稲荷の門前に着いてしまい、そのまま門前そばの『山彦』に入ることとなった。ちょっとした有名店だ。稲荷ずしとセットになった名物の『門前きしめん』を注文。きしめんと言えばふわふわたっぷりと乗った花がつおを想像していたが、白ネギの薬味だけで麺もそれ程幅広ではない。かき揚げ、かまぼこ、レンコン、シイタケと具は多く、汁の色はそれほど薄くはない。きしめん文化としては周縁部だからなのだろうか。

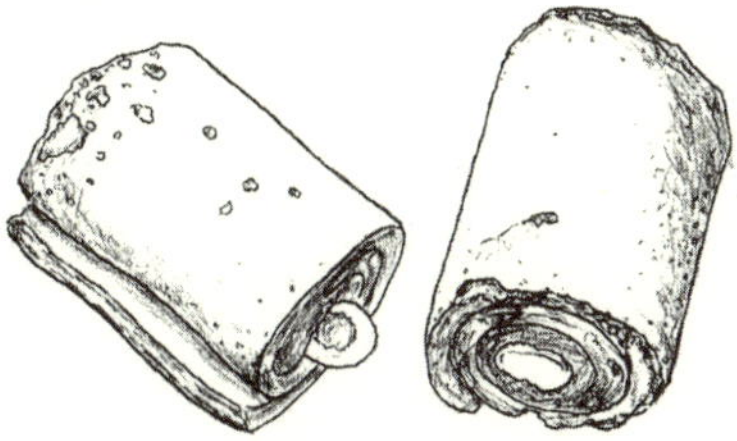
巻きせんべいのカットタイプ　キツネのくわえた巻物にちなむ

豊川稲荷におまいりする。さて、手を合わせるのか柏手を打つのか、迷ったままむにゃむにゃと済ませた。稲荷大明神は神道の神であるのだが、ここ豊川稲荷は妙厳寺というお寺である。境内ののぼり旗に書かれてあるのは豊川吒枳尼眞天の文字。荼枳《だき》尼天《にてん》はインドの農業の神で、ジャッカルにまたがっていたのでそれがキツネになったらしい。稲荷神もキツネを使いに持つ穀物の神である。

『松屋』という食堂の店先であぶらげを焼いてたれをつけ海苔にはさんだ『おきつねあげ』を食べ、味噌カツいなりと、向かいの土産物屋でキツネのくわえた巻物にちなんだ巻きせんべいを買って帰った。

19　伊豆箱根鉄道　大雄山線　小田原～大雄山

（二〇〇八年三月二日）

小田原から大雄山まで九・六キロの伊豆箱根鉄道大雄山線は、道了尊とも呼ばれる大雄山最乗寺への参拝のために敷かれた鉄道のようだが、今は通勤などの生活路線で、三両編成の電車が一二分間隔で運転されている。白地に青い帯の塗り分けは伊豆箱根鉄道の駿豆線と同じだが、車両の形式はちょっと違う。

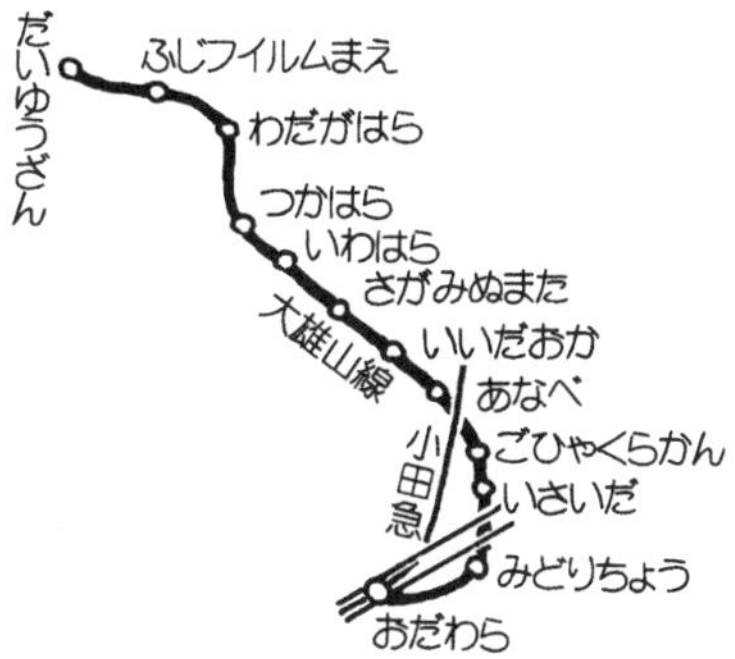

小田原駅を出てひがし通り商店街を行く。さすがは神奈川県、中華料理店の店先にはサンマー麺のサンプルがしっかりと市民権を持って味噌ラーメンの隣に並んでいた。飲食店の多い裏町を抜けるともう緑町駅だ。駅というよりただホームへの出入口があるだけである。線路はすぐに左に鋭く曲がってＪＲ線の下をくぐってゆく。

しばらくして井細田《いさいだ》駅に着いた。単式ホームに小さなコンクリートの駅舎があるだけの無人駅だ。五百羅漢《らかん》駅の手前の踏切を左に折れると正面にお寺の大きな屋根が見えた。五百羅漢こと天桂山玉宝禅寺と言う。五百羅漢とは釈迦の五百人の弟子たちのことで、他のお寺にもよく

伊豆箱根鉄道大雄山線　相模沼田駅

あるように庭に五〇〇体の石像が並んでいるかと思って以前に訪ねたことがあったが、ここの羅漢像は木造で建物の中に安置されている。こっそり本堂の隙間からのぞいてみたが見えなかった。寺の背後の切り通しは小田急電鉄の線路となっていて、ロマンスカーが通過していった。五百羅漢駅は島式ホームで、上下線は必ずここですれ違うダイヤになっている。駅は有人で駅舎はマンションと一体化した新しい駅だ。

小田原から山北に続く街道を北に向かう。小田急線、小田原厚木道路をくぐって踏切を渡った先が穴部駅。ここも単式のホーム上に切符売り場、と言っても今は券売機があるだけの無人駅だ。

飯田岡駅の前に『てっぺん』と書かれた看板を見つけた。富士山の横から朝日が出ている絵が描かれている。食堂のようだ。思い切って入ってみた。ちょんまげヘアのオヤジさんのやっているカウンターだけの店で、まだ十一時半だというのにもう三人の客がいて、すぐにもう一人も加わった。みんな常連のようだ。若鶏野菜炒め定食を注文したが、しばらくして隣の客に出された刺身定食を見て不安になった。五〇〇円だというのに皿いっぱいの刺身である。予感は的中、こちらの若鶏野菜炒めも、もやし、キャベツ、タマネギ、ニラがてんこ盛りで、鶏肉なんか埋没している。この大盛りでは絵に描く気になれない、こちらの負けである。

「どうして『てっぺん』って言うんですか？」

「これ、屋号なんです」

道了尊の天狗にちなんだ天狗葉扇せんべい

「てっぺんって言う屋号？」

「家が一番上にあるんです、沼田城のあったあたりの」

店から富士山のてっぺんが見えるとか、食堂業界のてっぺんに立つのだ、とか想像していた。

南足柄市に入った。相模沼田駅は相対式ホームの列車がすれ違える有人駅で、駅舎は二階建て、上は社員の会議室になっているという。駅前は自転車がいっぱいだ。岩原駅も塚原駅も小さな駅で、お互いにすぐ近くに見えるほど間隔は短い。

酒匂川《さかわ》の支流である狩川の駒千代橋を渡ったあと、街道を外れて八坂神社横の坂を上る。左前方に大きな工場が見えてきた、富士フイルムだろうか。和田河原駅は島式二線のホームで、駅舎はマンションと一緒になっている。

再び街道に戻る。右に尖った屋根のしゃれた建物があると思ったら富士フイルム前駅のトイレだった。無人だが駅舎も立派でホームも広い。通勤時には富士フイルムの工場の従業員たちで賑わうのだろうか。ちなみに、富士フイルムの『イ』は大文字である。

終点の大雄山駅手前の踏切からは駅のホームと車庫が見えた。車庫の奥には黄色い工事電車コデ165が置かれてあるのが見えるが近づけない。大雄山駅の売店には、大雄山最乗寺の天狗の言い伝えにちなんだ、天狗葉扇せんべいが売られていた。軽いので食べ始めたら止まらない。

20　JR東海道本線　舞阪～鷲津

（二〇〇八年三月九日）

　東海道本線の舞阪駅を出て南に向かうと旧東海道に出た。両側には見事な松並木が残っていて、歩道も整備されている。やがて松並木の終わる国道一号線との交差点近くの小公園には太鼓を抱えた波小僧の石像があった。『網に真っ黒な小僧が掛かり、気味悪いので殺そうとしたが、嵐が来ることを太鼓で知らせるから、と言うので海に戻した』とのこと。『殺したくなるほど気味が悪い』にしてはかわいい漁師姿の小僧の石像だ。

　舞坂宿に入ると、しらす干しや海苔を売る店が目立つようになる。浜名湖に出る手前には立派な唐破風の玄関の脇本陣があり無料で公開されている。こういう建物に入るとつい二階に上がったり、風呂、トイレをのぞいてしまう。殿様の部屋の奥の庭には紅白の梅が咲いていた。

　旧街道は浜名湖にぶつかる。ここから新居の関所までは船で行くことになる。漁船の繋がれた湖岸に沿って歩いた。カキ殻やカキ養殖用のホタテガイの殻が散らばっている。赤ん坊を背負った母親に連れられた小さな女の子がホタテの殻を拾っては湖に投げている。

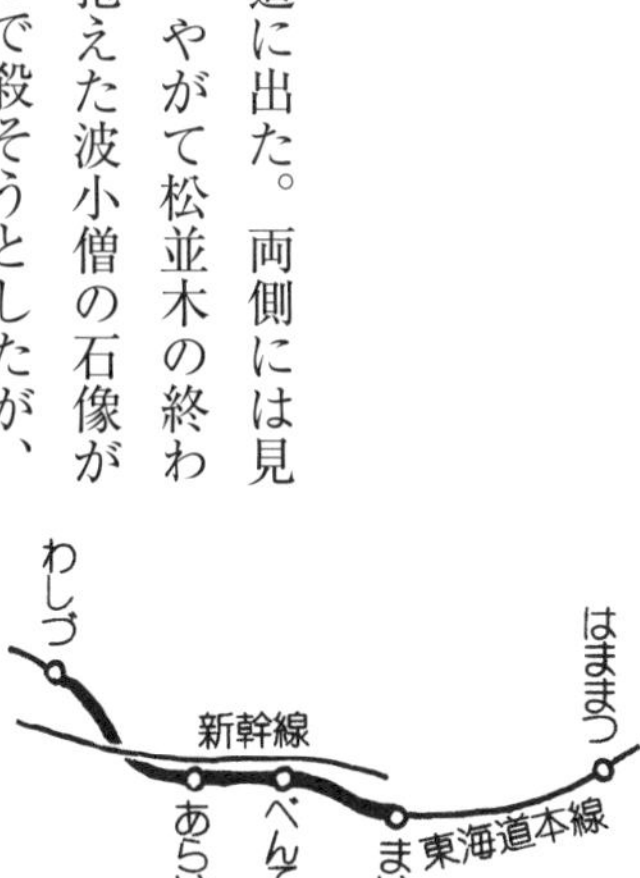

ＪＲ東海道本線　弁天島駅

「お兄ちゃんよりいった？」
小石を水面に投げて遊ぶ水切りの真似らしい。春の水辺の風景である。

橋を渡って弁天島に渡る。釣りをする人、岩海苔を掻き採っている人の姿がある。弁天島駅は名の通り島の中にある駅である。豊橋への行き帰りに気になっていたのがホームの幅の広さだった。ホーム上の屋根が三列あるところからして普通の駅の三倍あるのではないか。駅舎、改札口がホームの上にあるという点でも珍駅に加えていいだろう。入場券を買いながら広いわけを尋ねてみた。

「昔の海水浴で賑わった頃のなごりですよ。団体でどんどん来たからね。この幅なら飛行機だって降りられるよ、長さもあるし」

弁天島駅を出て橋を二つ渡ると『向こう岸』

になる。引き潮の時刻なのだろう、橋の下は海に向かって潮が激しく流れている。隣に並行しているのは東海道本線の鉄橋だ。子どもの頃の記憶にあるのはこの鉄橋なのだろうか。浜名湖畔の舘山寺温泉に泊まった翌日、遊覧船に乗った。台風で天気は急変し強風のため船がコントロールできなくなったらしい。船は鉄橋の橋脚に沿って迷走していた。

「海に流されてしまうぞ」

誰かが言っていた。ようやく予定とは違う港に着き、横なぐりの雨の中を駅まで走ったのを覚えている。

新居町駅前のレストランにモーニングサービスと書かれてあった。コーヒーなどの飲み物にトースト、たまご、ミニサラダ、プチゼリーが付くという。ミニとかプチでも品数を多くするところに周名古屋文化圏に来ているのを感じる。近くには味噌煮込みうどんの看板もあった。

新居関所を越えたところに『あと引せんべい』と書かれた店があった。小さくカットしたせんべいで、青海苔やショウガ入り、ゴマ入りなどのミックスを一袋買った。袋には『あと引製菓』と書かれてあった。店の名前の方があとか

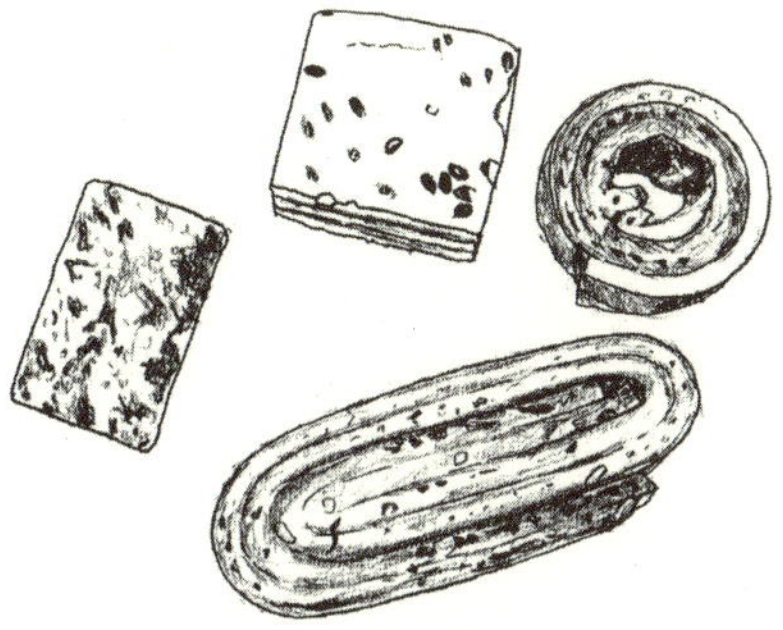

あと引せんべい　青海苔入り・ショウガ入り・ゴマ入り

本興寺に供えられていた仏手柑

ら付いたのだろうか。

　旅籠の紀伊国屋が一般公開されている。去年見学したのだが、風呂にはＴＶドラマ水戸黄門の『かげろうお銀』こと、由美かおるの写真と色紙があった。その時に耳にしたのが近くにある芸者置屋の保存の話だった。裏の道に回ってみると、昔からの町並み、古い家がまだまだ残っていた。その一つが芸者置屋の小松楼である。ありがたいことにちょうど公開されている。一階は芸者さんたちの部屋で、鏡台、くし、枕などが展示されてあった。二階は宴会場である。建物は古くなっていて、廊下を歩くと床が抜けやしないかひやひやした。階段の下には保存運動のための寄付を呼びかけた募金箱があった。長火鉢とキセルの置かれた帳場で保存運動をしている方から話を聞いた。

「散らかっていたのをやっと片付けたですよ。この家は個人の所有なんです。直すにはお金がかかる、町に買い上げてもらいたいのですがね」

　町おこしに新しいものをつくっても人の心に響かない。いくらそっくりに再現しても本物の持つ力、重みにはかなわない。新しいもの、つくり物はこれから先でもつくれる。古いものを残すのは今しかできない。

本陣の交差点を右に折れて旧街道と別れるとすぐに東海道本線の線路に出会う。しばらく並行したあと離れて、再び出会ったのは鷲津駅前だった。さらに進んだ左手にあるのが名刹本興寺である。

木魚の音が聞こえてくる。茅葺き屋根の本堂の前には大きなスギの木が二本ある。宮本武蔵が若いころ沢庵和尚に吊された場面のロケに使われたほどの見事なスギの木である。小堀遠州作の庭園を見学した。歩き疲れたあとは縁側にぺたりと座り込んで庭を見るのがよい。トビが本当に『ピーヒョロロ』と文字で書いたとおりに鳴いている。書院の入り口には、両手の指を組んで合わせたような形をしたミカンの一種、仏手柑《ぶしゅかん》が供えられていた。方丈の後ろにある木に一つだけなったのだそうだ。

21　JR身延線　波高島〜市ノ瀬

（二〇〇八年三月十五日）

波高島と書いて『はだかじま』と読む。子どもの頃から面白い名前だと思っていた。駅前の説明板によると、畑ヶ島が転化したもので、島というのは地域の意味、つまりヤクザのお兄さんの言うシマと同じ意味で、特に川岸の集落を指すのだそうだ。これまで富士川の中洲に由来したものだと思っていた。波高島駅は屋根の高いのが特徴の古くからある駅で、今は無人である。

駅前から『本栖みち』に出て下部方面に行くと、左に小さな学校のような建物があった。富里小学校の高島分校で今は廃校になっている。窓の割れた箇所からのぞいてみると、祭りのみこしなどの置き場となっていた。

右前方に温泉ホテルが見えてきた。常葉川を渡ったところが下部温泉駅、これぞ昔ながらの身延線の駅とでもいうようなつくりの有人駅である。武田信玄の隠し湯と呼ばれる下部

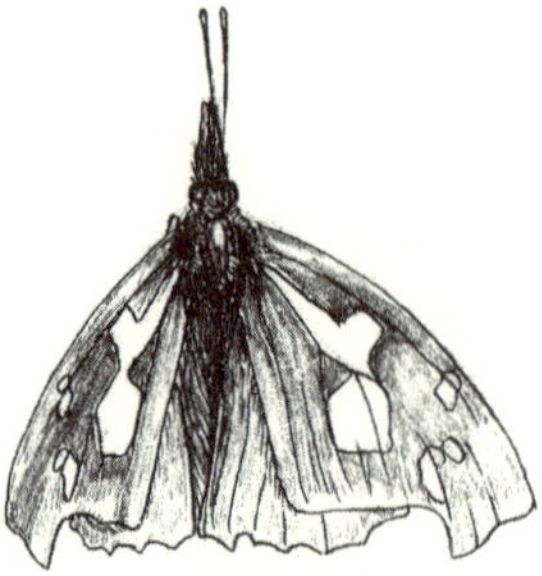

成虫で冬を越したテングチョウ
甲斐常葉駅付近

ＪＲ身延線　波高島駅

温泉郷まではちょっと距離があり、駅前には客待ちのタクシーが二台並んでいた。昼食には少し早いので、遊歩道を『渓流の見える丘』まで上ってみる。常葉川に沿って身延線の線路が見える。静岡行きの特急ふじかわ号がやってきた。

駅前の『丸一食堂』に入る。結構客が入っている。山梨の郷土料理と言えば『ほうとう鍋』だがもともとは家庭で作るもののようで、こうして店で出しているのは観光客用だと聞いた。そこでかねてから気になっていた『肉丼』を注文した。山梨県のメニューに肉丼とか肉どんぶりの名前をよく見るのである。

ブタ肉とタマネギ、少しのネギを煮込んだもので、言ってみれば『ブタ丼』である。

「このあたりで肉丼と言うのはブタ肉ですか？」

ＪＲ身延線　下部温泉駅

「うちではブタですね。ふつうブタですね」

ブタ丼にしても肉丼にしても普通の食堂の丼物メニューとしては一般的でない。山梨の食文化のひとつではないだろうか、それともたまたま見ることが多かっただけなのか。

筋向かいのみやげ物店にカシワ餅型のサクラ餅を見つけた。カシワ餅をカシワの葉の代わりにサクラの葉で包んだようなものだ。餅は桜色に染めてある。

「作っているところの機械の都合でこういう形にしているのだそうです」

中は粒あんだった。こちらは地域性はなさそうだ。と、この時はそう思った。

常葉川に沿って北に歩く。テングチョウが道路横の石垣に止まり、近づいたトラックに驚いて飛び立った。見上げれば一匹のヒオドシチョウをもう一匹が追飛している。そして林の中ではスジボソヤマキチョウが産卵場所を探していた。この暖かさに成虫で冬を越していたチョウも目が覚めたようだ。白地にオレンジの二両編成の甲府行きの３１３系電車が追い越して行く。サクラの古木が並んでくると、もう甲斐常葉駅である。駅舎は小さくて近代的な建物に改築されていた。

近くに気に入っている馬頭観音があるので寄り道をして訪ねた。馬頭観音はもともとは馬のように力強い恐い観世音なのだが、いつの間にか馬を守る優しい菩薩になってしまった。ここの馬頭観音は美人で、頭上の馬もいい顔に見える。

肉丼　豚肉とタマネギを煮込んだもの

甲斐常葉の小さな商店街を行く。かつては賑わっていた町もさびしくなった。昔はパチンコ屋まであったのに。この町に限ったことではないが、最後まで残っているのは、床屋と美容院と居酒屋である。

街はずれに男女二神からなる双体道祖神を見つけた。集落の入口にあって、疫病や災いの侵入を防ぐ塞ぎの神であって、このあたりは文字碑、石祠、丸石など形はさまざまであるが道祖神の多い地域だ。《産廃反対》の看板も目立つ。資源の供給地としての役割を終えた山林地域は、今では廃棄物の処

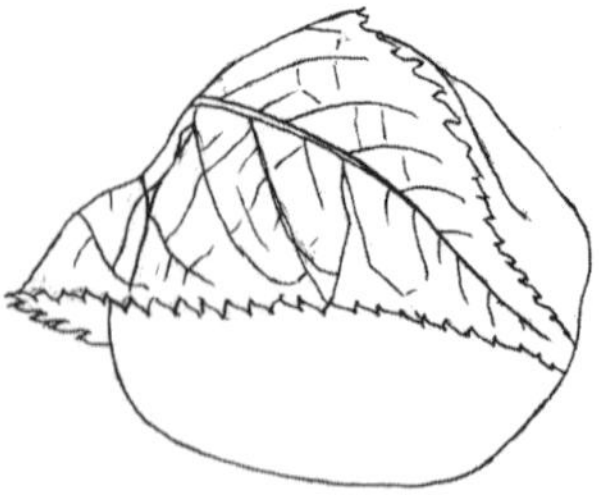

サクラ餅　粒あん入りのもちをサクラの葉で包んだカシワ餅風のもの

分場としての存在価値なのか。

丘陵の裾の木々に囲まれた片面ホームの市ノ瀬駅は開業当時からの無人駅である。春の陽差しの待合室でまどろみながら、まだ一時間以上ある電車を待つ。気が付くと窓ガラスには外に出られなくなったルリタテハがパタパタしていた。開けてやるとお礼も言わず勢いよく飛び出して行った。

ローカル線の乗り降りは緊張する。どのドアが開くのか、自動で開いてくれるのか、ランプが付いたらボタンを押すのか、プシューと音がしたら手で開けるのか、乗ったら整理券を取るのか。幸い三両編成でワンマンカーではなかったが、ランプがついたらボタンを押す方式だった。

22　大井川鉄道　大井川本線　塩郷〜駿河徳山

（二〇〇八年三月二十六日）

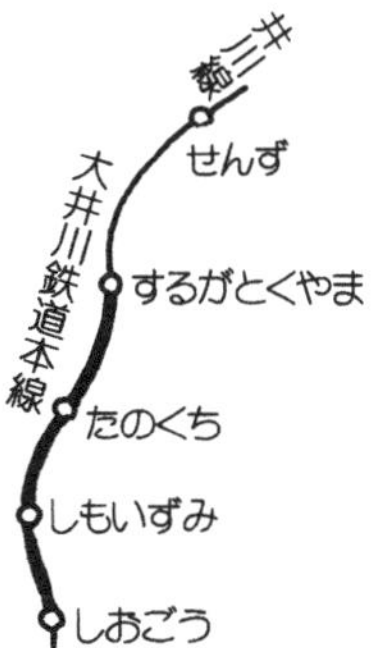

大井川の中流あたりに『鵜山の七曲り』と呼ばれる、山間部なのに激しく蛇行している箇所がある。土地が隆起している所を川が流れるとそうなる。穿入《せんにゅう》蛇行という。七曲りの北のはずれの川べりに単式ホームの大井川鉄道の塩郷駅がある。

まずは大井川に架かる塩郷の大吊り橋を渡ってみた。観光客も渡る吊り橋とは言え、民家の二階屋根の高さから道路と線路を越えての全長二百二十メートルの橋は、恐い。もう一度渡って戻る気もしないのでそのまま西岸を行き、塩郷ダムのえん堤から東岸に戻った。大井川と道路に挟まれた線路に沿って北上する。河原は芽吹きと花で明るい黄緑色のコゴメヤナギが美しい。山側の斜面にはキブシの花が咲いて、間の道路沿いのソメイヨシノはまだ咲き始めである。景色はいいが交通量が多い。大型車同士のすれ違いも、恐い。

新芽の出るのを待つ茶畑を過ぎると下泉の駅が見えてきた。ちょうど金谷行きの赤と黄色の元京阪電車が発車するところだった。駅前には町営バスが停まっている。

橋を渡って西岸の下長尾地区に入る。三叉路の角に花壇があって、紫、オレンジ、黄色のビ

大井川鉄道大井川本線　下泉駅

オラの花がぎっしりと咲いている。

「きれいだから撮ってって」

いきなりご婦人から声をかけられた。下泉駅で写真を写していたところを見ていたらしい。ボランティアで花壇の手入れをしているのだと言う。それよりも気になっていたのが花の間に置かれてある木彫りの動物たちだった。ゴリラにイヌ、ニワトリ、それにカエル。ブレーメンの音楽隊でもないし。

「近所のおじいさんが彫ったの。干支です。ガマガエルは別の人」

ゴリラじゃなくてサルだった。イノシシも彫ってあるそうだが今年はもうネズミ年だよ。

しばらく行ったコンビニの隣に『四季の里』という地元の産物を売る店がある。今の季節生シイタケが多い。地元らしいオヤジさんが入って来て言う。

「いいシイタケだね、もっと高くすればいいのに」

「高くしたら売れないよ」

ウドと、昼食を食べ損なった時のために桜の花の塩漬けのついた桜まんじゅうを買った。中は桜葉の香りのする桜色の餡だった。

四季の里で買ったウド

心配したとおり見つけた二軒の食堂はお休みだった。長尾川橋を渡った所で、のれんに『食堂　梅野屋』と書いてある店を見つけた。呑み処とも書いてある。

「あの、山菜定食っての、できます?」

まだタラの芽も出ていないこの季節どんな山菜があるのだろう。

「イモにたまごを落としたのですが、いいですか?」

出てきたのは生卵を落としたとろろ汁だった。それにワラビと糸こんにゃく、ダイコンの味噌汁にタクアンのついた定食でありました。

上長尾地区の外れに川根大仏智満寺の看板があった

山菜定食　まだ山菜の季節ではないためかとろろ定食に近い

ので寄ってみる。参道にはジロボウエンゴサクの花が咲いている。次郎坊延胡索と書く桃色の花をつける小さな野草だ。写真を撮っていると遠くでＳＬの汽笛が聞こえてきた。川根路の春である。『信州猫檀家』と書かれた不思議な立て札があった。なんだろう。立派な山門をくぐってたくさんの案内板に導かれて細い通路を本堂の裏に回った所に川根大仏はあった、いや、いらっしゃった。白い御影石の五、六メートルの仏様だ。ちょっとした霊場のようになっていて三十三観音像が取り囲んでいる。

観音さまの名前を見ておやっと思った。すみれ観世音、乙女観世音、出会いの観世音…、あまり聞かない名前だ。観音さまだからそれらしくしっかりとした顔立ちなのだが、中にはひざを崩してくつろいでいるように見えるもの、かわいらしく首をちょっとだけ傾けたもの、悲しそうにうつむいているように見えるものもある。菩薩という立場に身を置きながらも人間味を抑えきれない、そん

大井川鉄道大井川本線　田野口駅

なふうに思えた。それぞれの脇の札には短い言葉が書いてある。一番から読んで回った。

　不思議な世界に迷い込んで、そこで三十三人の少女に出会う。その一人一人から、生きるヒントを教えられる。そんな錯覚を感じた。

　人は人生の中で気づかないまま三十三人の観音さまに出会うのではないだろうか。それは時には童女の姿であったり、また時には老婆の姿であったり。そこで救われたり大切なものを教えられたりする。

　再び橋を渡って東岸を行くと田野口駅に着く。ここの駅舎は映画のロケ用に開業当時の姿に戻してある。出札窓口の向こう側にはだるまストーブがあって、大きなやかんが乗せられてあった。誰もいない駅舎の改札を抜けると、裏の花壇のノースポールの白い花の周りをモンシロチョウが飛び回っていた。

つぎの駿河徳山駅までの道を地図で確かめる。

「なにかお探しですか?」

二十歳過ぎくらいの女性に声をかけられた。

「徳山へはこっちの道でも行けますよね」

「そうですね、はい、アハハ」

Ｃ５６形蒸気機関車　タイ国鉄色に塗られ逆行運転しているとてもＣ５６には見えない　駿河徳山駅にて

声をかけてきて、自分で照れている。いい人だ。

駿河徳山は高校もあって、地域のちょっとした中心地である。駅の時刻表を見ると、ちょうど上りのＳＬ列車の時刻である。

「ＳＬは動いてます?」

「三十四分です。高いけど、いい?」

年配の駅員さんに急行料金の五六〇円を加えて切符を買った。

「どこでも空いてる所に乗ってください」

駅に入ってくる金谷行き列車を見て驚いた。黒地に赤いラインの入った四角い車体の見たこともない機関車だ。タイ国鉄色に塗られたＣ５６の後ろ向き運転だった。つまり先頭は炭水車なのである。Ｃ５６形蒸気機関車は軽量ながら炭水車付きなので、山岳地帯での長距離運転に向いている。それが災いして、戦争でタイなどに連れてゆかれた。映画『戦場にかける橋』で知られる泰緬鉄道などで使われる。生き残った機関車は戦後タイ国鉄で働き、それが帰還してこうして走っている。

七両の客車に乗客は多くはない。途中の家山から団体が入るという。だれもいない客車に一人で座った。昭和十〜二十年代に国鉄で使われてきたチョコレート色の客車である。汽笛を鳴らして列車はトンネルに入る。外が真っ暗になった。自分は今、『銀河鉄道９９９』に乗っている。ドアが開いてメーテルが入ってくる。

「ここ、空いてますか？」

まだ三十三観音さまの余韻が残っているようだ。

23　天竜浜名湖鉄道　西気賀〜三ヶ日

（二〇〇八年四月四日）

サクラというものは花が咲いて初めて、こんなにも多くあったのかと改めて気づかされる。散り始めたとはいえその桜色のかたまりがあちこちにあって、菜の花の黄色、草の緑、そこに白いモンシロチョウが飛んでいるという春の色の天竜浜名湖鉄道である。

奥浜名湖の西気賀駅で下車、駅舎の一部はレストランになっていて、店主が開店の準備をしていた。駅前の売店にザボンの仲間である大きな安政柑を見つけた。なんと一個百円と書いてある。三つくらい買いたいところだが、これから歩くのに重いものを買うわけにはゆかない。

湖岸にはうす桃色のハマダイコンの花が咲いている。湖面は波も静かでカモの仲間が浮かび、棒杭にはカキが付着している。道は奥浜名湖に沿って、線路はその間をトンネルで抜ける。寸座駅は湖を見下ろす小高いところにあった。待合室だけの小さな駅である。何もない、湖だけ、というのがいい。

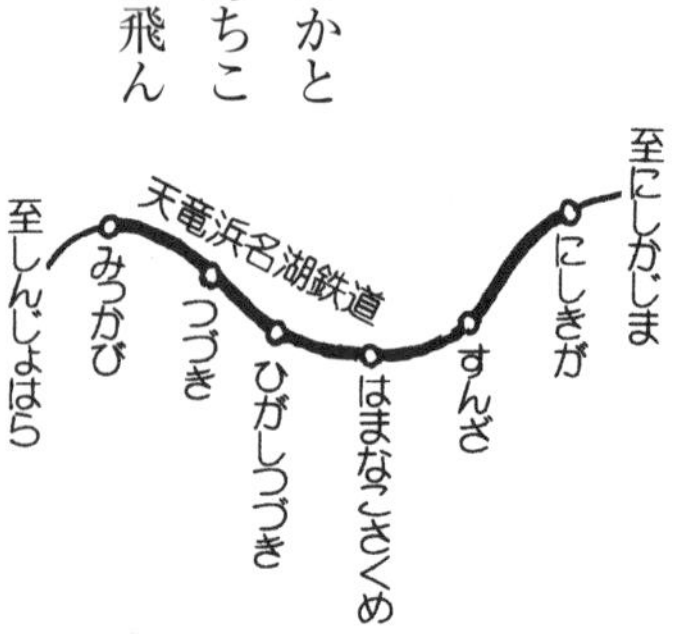

天竜浜名湖鉄道　西気賀駅

寸座峠を下った先に姫街道資料館の看板があった。磐田の見付から浜名湖北岸を通って愛知県の御油に至るこの道は姫街道と呼ばれる。『入り鉄砲に出女』に厳しい新居の関所をさけて女性が多く通ったとも、古いからひね街道というのだとも言われる。

浜名湖佐久米駅は単式ホームだがしっかりとした駅舎があって喫茶店になっている。トイレがウシの形をしていた。湖に最も近い駅で、線路の隣がもう浜名湖だ。誰が置いたかホーム上のパンの耳にユリカモメが集まっている。残念なのは目の前にあるのは遠く広がる湖の風景ではなく、東名高速道路であることだ。ローカル線から見た景色と高速道路のどっちが大事か。答えは明白なようだが、ほんとにそうだろうか。便利になったということは、一人の人間のでき

天竜浜名湖鉄道　寸座駅

る仕事量が多くなったことであって、暮らし易くなったというのとは違うと思う。

店が多くなった。東名高速の三ヶ日インターが近い。東都筑《つづき》駅は地味な駅で、喫茶店の駐車場かと思ってつい見落としてしまい引き返したほどだ。ここのトイレはミカン型だ。

変な店があった。何の店だろう。店名も変な漢字で読めない。ただ、クラフトという英語とおでんの文字がある、手作り品を売る飲食店か。思い切って入ってみた。おでんは売り物のおでん缶のことだった。黒いロボットのような人形が並んでいた。悪魔の子どものような絵のポストカードがあった。奥には焼き物やTシャツが……。

「チェスの駒をキャラクターにしたフィギュアです」

出てきたお兄さんが黒いロボット人形のことをそう説明した。

「あのう、ここは何のお店なんですか？」

「銀細工や革細工もやっています。仲間たちのオリジナルなものを売っているんです」

「お店の名前はなんて読むのですか？」

「足跡に点をつけて、アジトと読みます」

なるほど『足かんむりの下に跡、それに濁点』で一つの漢字にしてある、読めないわけだ。

でも、こういうことやってる仲間って、いいな。

歩いているわけを話すと
「甘いものお好きですか？　この先の酒屋さんのソフトクリームがいいですよ」

と教えてくれた。

気賀四ツ角ソフトクリーム　都筑の酒屋さんによって復活された

『物産館マルニ』と書かれた酒屋さんの前に『復活　気賀四ツ角の味　ソフトクリーム』の貼り紙があった。ここだな。

「ブログを見ていらっしゃったんですか？」

「いえ、そこのアジトさんに聞いて。え、百円ですか！」

奥さんに話を聞いた。

「気賀の四ツ角の所に昔ソフトクリームを売る店があってね、高校生なんかに人気があったんです。その店がやめてしまって、製造法を伝授してもらったんです。見栄晴くんのテレビ番組で紹介されたら大変、行列ができちゃった。原料費も上がったけど値上げするのは簡単にはできなくて…」

大福寺納豆　納豆と言うから誤解される　味噌と思った方がよい

あっさりとした昔風の懐かしい味だった。

都筑駅のトイレはゾウのトイレで、それも滑り台にもなっている。駅舎の一部は『メイ・ポップ』というパン屋さんだ。みるとテーブルのようなものもある。

「ここで何か食べられるんですか?」

「好きなパンを買って、コーヒーは自分で入れてください。百円です」

自分でコーヒーをカップに注ぎ、ネコの貯金箱に百円入れる。カウンター席はホームに向いていて、線路とその向こう側の草の茂った空き地が見える。古い駅とコーヒーはよく似合う。

三ヶ日には摩訶耶寺と大福寺という二つの古刹がある。その一つ、大福寺に伝わるのが大福寺納豆だ。塩辛い乾いたころころ納豆で、浜納豆、大徳寺納豆とも言う。関東の糸引き納豆が納豆菌であるのに対し大福寺納豆はこうじなので、味噌と思った方がいい。酒屋の店先に大福寺納豆の札を見つけた。おかずより酒の肴にということか。

三ヶ日駅近くの無人売店に温州ミカンのブランド三ヶ日ミカンが置かれてあった。一袋百円で九個も入っていた。

24　静岡鉄道　草薙〜新清水
（二〇〇八年四月十三日）

静岡鉄道の草薙駅はＪＲの草薙駅とは別の駅だが、名前は同じであり、簡単に徒歩連絡できる距離にある。あたりは住宅地で県立大学もあり、品の良さを感じる街だ。

道幅が広く交通量も多い南幹線に沿って歩く。歩道の電柱脇に石塔があった。一つは庚申塔のようだ。もう一つは地衣類が付着していて読めない。この道は旧東海道でもある。やがてこのあたりの地名一里山の名の起こりとなった一里塚跡があった。石碑の隣には身長三・三メートルの焼き物の大ダヌキが徳利を提げて立っている。狸八相縁起というものが書かれてあって、傘は身を守る、目は正しい判断、徳利は…と下半身の例のものまで含めて八つのありがたいことがあるのだそうだ。

御門台駅近くから旧街道は南幹線から分かれ静かになった。無人売店には温州みかん、デコポンと一緒にタケノコも出ていた。

静岡鉄道の線路は狐ヶ崎駅の手前から入江岡駅まで東海道本線に並走する。その合流点に両

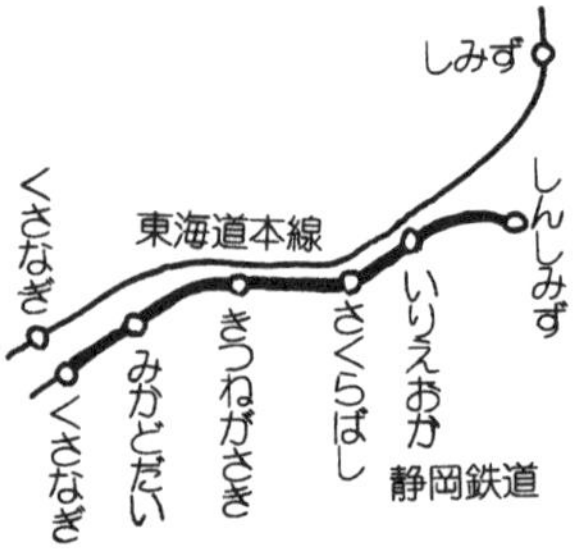

静岡鉄道　入江岡駅

方の線路をまたぐ太鼓橋のようなコンクリートの跨線橋があるのだが、以前は鉄道レールを建材に使った橋だった。脇にその旧跨線橋の橋脚を立てた記念のモニュメントがあった。使われていたレールは一九一一年（明治四十四年）のドイツ製とのことだ。

狐ヶ崎駅は、かつては狐ヶ崎遊園地で賑わった駅だ。民謡『ちゃっきりぶし』は北原白秋が依頼されて作詞したその遊園地のCMソングである。幼い頃祖父と来て、富士駅で買った稲荷ずしを下り電車に置き忘れ、上り電車が届けてくれるのを待合室の椅子で待っていた記憶がある。遊園地はヤングランドと名を変え、やがて他の大きなレジャーランドに客を奪われたのだろう、閉園して、今は大型ショッピング施設になっている。

海鮮丼　ランチとしてミニハンバーグつき

桜橋駅は桜橋という橋の下にあり、用地の狭さからか上下のホームが食い違った位置にある。駅舎もトイレも駐輪場も、道路下と線路の間にかなり無理をして設けられている。入江岡駅も橋の下でさらに狭い場所にあり、橋の上の駅舎からホームに降りる構造だ。

東海道本線の鉄橋に並んだ橋を歩いて巴川を渡った後、道は線路の下をくぐる。高さ制限一・七メートルの表示がある。自転車が競輪選手のように頭を低くしてくぐり抜けていった。その先の静鉄電車のガードも一・八メートルだ。

新清水駅周辺には飲食店は多いが夜賑わう飲食店なので日曜の昼間は閉まっている。東海道本線の踏切を渡った先の『松乃寿司』の店先にランチメニューと書かれてあった。七五〇円の海鮮丼をいただく。マグロ、アジ、イカ、甘エビの刺身に玉子焼き、それにミニハンバーグがおまけについてきた。

25　箱根登山鉄道　鉄道線・鋼索線
大平台〜強羅〜早雲山
（二〇〇八年四月二十六日）

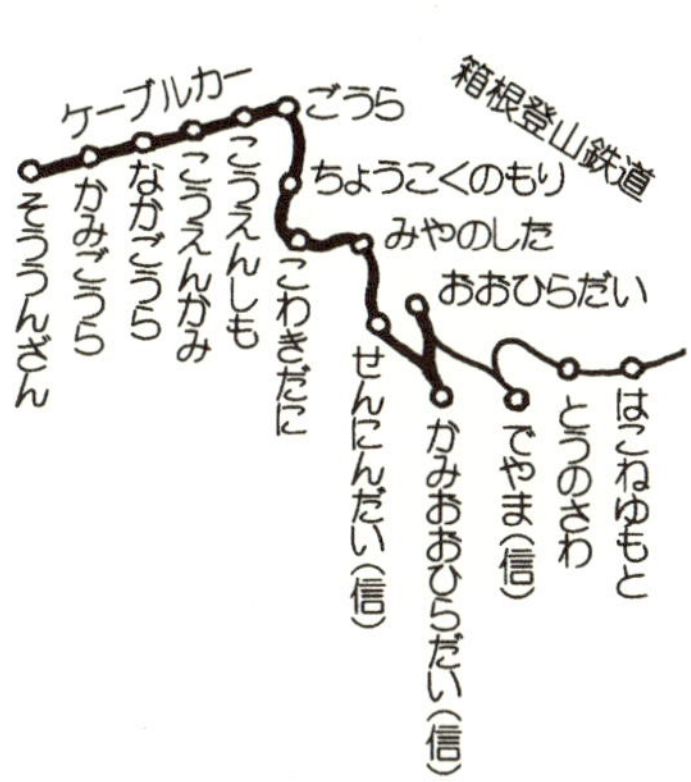

連休初日のため箱根湯本駅発の二両編成の登山電車は乗客でいっぱいである。外国人も多い。電車は発車してすぐに八〇パーミルの急勾配にかかる。一〇〇〇メートル進む間に八〇メートル登るということで、短い車両でも前後で一メートル以上も高さが違う。登山鉄道は坂の連続だから電車には四種類のブレーキがついている。温泉脈のある所はトンネルを掘れないので半径三〇メートルの急カーブの連続だ。レールとの摩擦を減らすため水を撒きながら走る。レール幅だって新幹線と同じ標準軌である。登山電車は小さいながら、すごい電車なのである。

塔ノ沢駅を出てトンネルを抜けると早川渓谷をまたぐ『出山の鉄橋』に差し掛かる。その高さに乗客から「おーっ」と歓声が上がった。電車は対岸を下流方向にカーブして、スイッチバックの出山信号所に着く。運転士と車掌が交代して今度は逆向きに走り始める。こうして終点の

箱根登山鉄道　上大平台信号所

強羅まで三箇所あるスイッチバックでジグザグに登ってゆく。

大平台駅で下車した。ここもスイッチバック駅だ。階段を上ると国道一号線に出た。左に折れて温泉旅館や保養所の間の小道を行く。『辻国豆ふ店』と書かれた店があった。『ふ』の字が仮名なので豆屋かな？とも思ってのぞき込んだら豆腐屋だった。

「ここで食べていかれるなら、おぼろ豆腐、いかがですか？」

おかみさんが炊飯器からすくった豆腐を容器に入れてくれた。

「おぼろ豆腐って、炊飯器で作るんですか？」

馬鹿なことを聞いたものだ。

「これは保温ですよ。まずそのまま食べてみてください、甘みがあります。その後で醤油をかけて、また味わってください」

たしかに甘いし、何しろ温かい。今にも降り出しそうな肌寒い日にはありがたい。箱根には美味しい豆腐店が多い。水が良いのだろう。三番目のスイッチバックの上大平台信号所を見て、再び国道一号線に戻る。

宮ノ下に、谷底の温泉に下る専用ケーブルカー乗り場があった。のぞき込むとオレンジ色の小さな箱型のケーブルカーが下ってゆくところだった。宮ノ下駅に寄ってさらに行くと、今度は自家用空中ケーブルカーがあった。やはり谷底の温泉旅館に下りてゆくものだった。

オトメアオイ　花は地表に咲く

セピア色に仕上げた写真を撮影するという写真屋があった。『嶋写真館』という。店先にジョン・レノンとオノ・ヨーコの写真が飾ってあった。ヘレンケラーの写真も、チャップリンも、アイゼンハワー米大統領も、ネールインド首相もあった。近くの富士屋ホテルに泊まった時のものだろう。古写真も売っていたが風景や暮らしの写真のようだ。ジョンとヨーコの写真なら買うところだが。

揚げだし豆腐　ナスとシシトウの色合いがよい

国道の登りはますます急になってきた。ここは正月に行われる箱根駅伝のコースである。五区のランナーの苦しさはテレビで見ただけではわからない。笹の茂みの下に白いものがあった。腐生植物のギンリョウソウだ。種子植物だが光合成しないで落ち葉から栄養を取るという珍しい生き方をする植物である。学生時代調査に来たカンアオイの一種オトメアオイも残っていた。これだけ観光開発されたというのに箱根の自然は奥深い。

沢に沿って小涌谷駅への歩道があった。上の方を電車が車輪とレールの摩擦音を響かせながら登ってゆく。駅伝ランナーもがんばっているが、登山電車もがんばっている。

彫刻の森駅に近づいた頃、道はやっと平坦になってきた。『二葉食堂』という観光客相手ではない店に入る。美味しいと聞いたアジフライと揚げだし豆腐を注文した。揚げだし豆腐の出汁《だし》がおいしくて全部飲んでしまった。

箱根登山ケーブルカー　公園上駅

さて揚げだし豆腐は『揚げ出し』なのか『揚げ出汁』だったのか。店のメニューはどうなっていたのだろう。

店を出たら雨になっていた。彫刻の森駅を過ぎて終点の強羅駅に着く。土産物屋に『てりふり人形』というのがあった。晴れなら女の人形が、雨なら男が家の中から出てくるというものだ。どれもみな、男が出ていた。箱根細工のからくり物の延長にあるものだろう。どういうしくみになっているのか。

時間があるので早雲山までの箱根登山ケーブルカーに乗った。うまい具合に運転席の真後ろの、通称『鉄ちゃん席』に座ることができた。途中に四つも駅がある。ホームが両側にあって両側のドアが開く。運転手は停車するたびに安全を確認しながら左右のドアを開閉しなければならない。車内アナウンスもあって忙しそうだ。でもケーブルカーだから車両に動力源はない。運転席らしい所に座っているけど、本当は車掌じゃあないかな。

帰りは各駅に寄りながら歩いて降りた。あたりは旅館や保養所が多く、木々はよく茂っている。早雲山駅から上強羅、中強羅、公園上、公園下、そして強羅駅である。

モニ１形工事用電車　強羅駅にて

強羅駅にはモニ１形という工事用電車があった。無蓋貨車の前後に運転台を付け屋根を乗せたような、あるいは電車の横の壁を全部取り払ってしまったような、ヘンな車両だった。ちょっと不気味な顔にも見える。

26　ＪＲ身延線　鰍沢口～東花輪

（二〇〇八年四月二十九日）

鰍沢口と書いてカジカザワグチと読む、サンマザワグチではない。甲府盆地の南端にあたり、かつて富士川舟運で栄えた所である。鰍沢口駅は有人で、線路がやや高い所にあることもあってホームへの出入りは地下道になる。

市川大門方面に歩き始めてすぐに、八の尻踏切という変な名の踏切手前の草地の上を白いチョウが滑らかに飛んでいた。やはりウスバシロチョウだ。甲府盆地には生息しないという定説を破ってこの付近から発見されたのは一九八〇年の五月だった。高度経済成長の頃から各地に休耕地が増えるようになった。それがウスバシロチョウにとってはよい環境となり、分布を広げたと考えられている。

道路をまたいで鉄道線路でも通っているのかなと思うようなコンクリート橋があった。上を流れるのは天井川である。その先には今度は幅広い自動車道路かなと思うものが道路の上を通っていた。もっと幅の広い天井川で、並行する身延線もこの川の下をトンネルでくぐってい

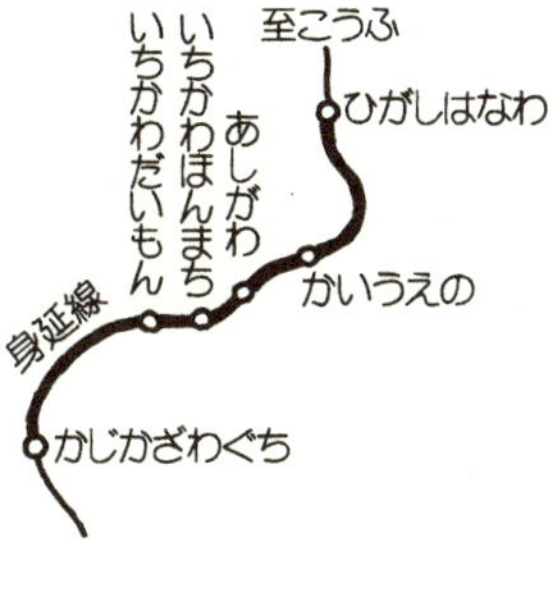

る。甲府盆地では古い地図には他にも天井川が見られたが、河川改修でなくなってしまった。

市川大門駅は青色の屋根瓦と赤い柱で竜宮城のような無人駅である。竜宮城の部分は公民館で、地元で立派な駅舎を建てることで特急ふじかわ号を停車させたと聞く。竜宮城風公民館には入浴施設もあるが『町内在住者に限ります』と書かれてあった。

さて、今回どうしても確かめなければならないことがあった。カツ丼である。カツ丼と言えばカツを玉子でとじたものを指すのが一般的だが、山梨県ではご飯の上にカツをそのまま乗せただけのものを言う。伊那谷のソースカツ丼とも違う。ただ乗せただけである。玉子でとじたのは『煮カツ丼』と呼ぶ。

スーパーマーケットを見つけたので惣菜売り場に行ってみた。カツ丼はみな『煮カツ丼』だった。そりゃそうだ、『カツ丼』ならトンカツだけ買って帰ればいい。隣にカシワ餅とサクラ餅が並べられてあった。サクラ餅はあの下部温泉駅前の店で見た、桃色の生地のカシワ餅をサクラの葉で包んだタイプだった。あれとは別の製造所のようだ。サクラ餅と言えば関東ではクレープ状のものであんを巻いたもの、関西は道明寺餅だ。もしかするとこれは地域独特のものかもしれないぞ。新たな課題が出て来た。

市川本町駅は単式のホームで、芯はコンクリートながら黒い格子や丸窓のしゃれた和風に改装された小さな駅舎があった。老人が居合わせた中学か高校の女子生徒に、親戚の子の話を長々としている。女子生徒も、たぶん迷惑だと思うのだが、小声で「ふーん」と相槌を打ちながら聞いてやっている。足元にはネコが座っている。

『大門食堂』というういかにも食堂らしい店を見つけた。

「あの、山梨県風の煮てないカツ丼って、できますか？」

「はい、作りますよ。東京の人は煮カツなので、一応お客さんに聞くんです。蒸し具合がちょうどいいですよね」

そうか、どんぶりにふたをするから蒸されるわけだ、そこがカツライスと違うところだ。出されたカツ丼のふたを取って感激した。ケチャップソースをかけたカツにレモンの輪切りが乗り、下にはキャベツが敷いてある。トマトにパセリ、キュウリにはマヨネーズ、そしてどんぶりのへりには練りガラシまでが。キャベツにはテーブル上の中濃ソースをかける。食べているうちにご飯の熱でしんなりしてくる。山梨の『カツ丼』を見直した。これまで、ただカツを乗せただけ、と偏見を持って見下していたことを反省する。

山梨カツ丼　サラダやパセリが乗り練りガラシまでついている

この店のメニューにも肉丼があった。やはり山梨の食文化のひとつだと思う。

「肉丼はブタですか？　ウマは使わないですか？」

「ブタですね。昔はウマだったかも知れませんが。もつは今でもウマですね」

そう言えば途中の肉屋には『馬ボイルモツ』というのもあった。富士吉田市の『肉うどん』はウマであって、『このあたりで肉と言ったらウマですね』と言っていたっけ。ブタ丼、焼肉丼ではなく肉丼と呼ぶことの起こりはこの辺りにありそうだ。

アゲハチョウ　羽化したばかりなのか風にあおられ上手に飛べなかった　甲斐上野駅付近

芦川を渡った先を右に折れ、芦川駅に向かう。トタン小屋の中に石仏がぎっしり並んでいた。地蔵、双体道祖神、庚申塔。正面の地蔵の顔には何か泥のような馬糞のようなものがべったりと塗りつけられている。ちょうど桃太郎伝説のように、おばあさんが川で洗濯をしていた。

「味噌なめ地蔵さんって言うですよ。悪いところに味噌塗ってなでると治るって言われてます」

「悪いところにですか、それにしても全身にべったり塗ってありますね」

「隣はいぼ地蔵さんって言って、石でつついて削って、その粉を付けるといぼが治るそうです」

ＪＲ身延線　東花輪駅

ひどく削られて、もう地蔵の姿など留めていない。ただの石が前掛けをしているだけだ。人々の救済のために身を粉にして犠牲にして…、それもいぼのためにである。味噌を塗られたり、縛られたり身代わりにされたり、どうして地蔵はそこまで犠牲になれるのだろうか。人のために生きよ、と身をもって教えているのか。

芦川駅は単式ホームの古くからの無人駅だ。隣の甲斐上野駅はすれ違いのできる島式ホームで、四角いコンクリートの待合室では電車を待つ男子中学生が一人でゲームをしていた。桃林橋で笛吹川を渡る。同じ富士川上流でも釜無川と違って流れはゆるやかだ。鉄橋の上を富士行きの三両編成の電車が行く。甲府盆地らしい風景である。

あとはひたすら東花輪駅に向かって歩いた。

駅の近くにはセメントや石油の基地があって、身延線では最後まで貨物輸送の行われていた駅である。ホームは乗客で賑わっていたが、何本もの側線のある広い構内は、さびしくもあった。

さて新たに浮上したサクラ餅問題が気になるので、帰りがけに別のスーパーに寄ってみた。ここもカシワ餅タイプのサクラ餅だった。やはり山梨県固有のものなのか。でも、もしかすると自分が気づかないうちに世の中のサクラ餅が変わりつつあるのかもしれないぞ。静岡市内のスーパーで探したら二店ともクレープであんを巻いた関東風のもので、安心した。

27　大井川鉄道　井川線　千頭〜接岨峡温泉

（二〇〇八年五月十七日）

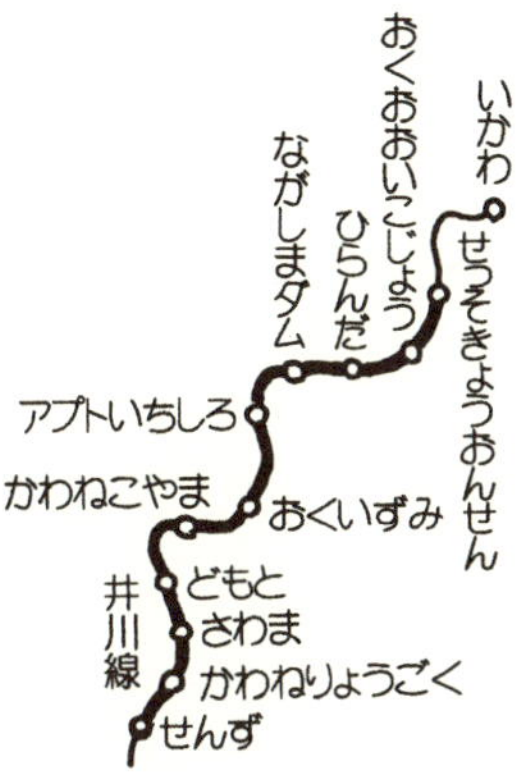

大井川鉄道井川線は元はダム建設の資材運搬のために敷かれたもので、大井川鉄道本線の千頭駅から井川駅までの峡谷を走る鉄道である。その後長島ダムができて、日本唯一のアプト区間を持つ鉄道となった。

途中食堂など期待できないので千頭駅で名物の朴葉ずしを仕入れておこう、あれなら絵にもなるし、と決めていたのだが朝早いためかまだ弁当など売られていない。何も買わないまま井川方向に向かって歩き出した。

川根両国駅は駅の表示もなにもない。建物の中にいる職員に聞いた。

「駅舎はここでいいんですか？」

「ええ、乗務員のあれと兼ねてますが…」

レールから一〇センチくらいの高さしかないホームが二面あった。ちょうど井川行きの列車の来る時刻なので到着を待つ。やがて赤地に白いラインの列車がやってきた。先頭は機関車で

大井川鉄道井川線　沢間駅

も気動車でもない。客車である。運転席の付いた制御客車だ。

井川線では機関車は最後尾、千頭側につく。これはアプト区間などの急勾配での安全を考えてのことだ。ほとんどの区間は非電化なのでＤＤ２０形ディーゼル機関車が後押しし、電化されたアプト区間だけＥＤ９０形電気機関車が押す。だからこの制御客車クハ６００はディーゼルと電気の二種類の機関車を遠隔操作するという、見かけによらないスーパー客車なのである。

広い道路で大井川を渡り、左に折れて桑野山地区から再び橋を渡って沢間駅に向かう。一番茶の摘み取りが終わって再び新しい芽が出てきた茶畑が続く。

沢間駅には小さな駅舎が残っている。かつてここは千頭森林鉄道の分岐点だった。森林鉄道

大井川鉄道井川線　土本駅

のレール幅は井川線より狭いため、千頭から沢間までは三線軌条だった。一九六〇年代に訪れた寸又峡温泉は材木を積んだ貨車であふれていた。

その森林鉄道の廃線跡の、幅は広くはないが勾配の少ない道路を歩く。井川線はまっすぐ寸又川を鉄橋で渡って土本駅に、道路は大きく遠回りしてトンネル手前で廃線跡と別れ、平成三年竣工と刻まれた橋を渡って土本地区に着いた。

茶畑の手入れをしていた女性に尋ねた。

「今ここは何軒ですか？」

「四軒です」

「橋ができるまでは吊り橋かなんかはあったんですか？」

「吊り橋はないです。そこの鉄橋を歩いてきました」

ウスバシロチョウ　茶畑付近の地面に止まったメス　奥泉駅近くにて

それまでは井川線が唯一の交通機関だった。まさに秘境駅である。そしてこの先に続く道はない。次の列車を待つ。

茶畑の上を白い蝶が飛んでいる。五月になって羽化したウスバシロチョウだ。生息条件が良質の茶の産地と共通らしく、昔から山間部の茶畑には多い。赤褐色のヒオドシチョウが枯れ草の上に舞い降りた。羽はボロボロで触角も片方しかない。こちらは去年の六月に羽化して、それからずっと十一カ月も成虫で生き続けてきたはずだ。

車輪とレールのこすれ合う音に続いてエンジンの音が聞こえてきた。列車は制御客車を先頭に四両の普通客車、そして機関車の六両編成である。レール幅は本線やJRなどと同じだが、車両限界は軽便並みである。車掌から次の川根小山までの車内切符を買う。

「降りたら記念に持っていっていいですよ」

川根小山駅を出てちょっと歩くと茶畑と民家があって、ここにもウスバシロチョウが飛んでいた。大井川の本流は大きく穿入蛇行し、川と道路と鉄道が糸が絡み合うように続いている。

奥泉地区に着く。さて昼食をどうしよう。少し先に猪《しし》肉弁当がおいしい食堂があったはずだ。坂を上って行くと閉まっている。どうも今はやっていないようだ。仕方なく集落内の商店であんパン一個と魚肉ソーセージを買った。昔はこれにコーヒー牛乳かなんかで結構満足していた。奥泉駅にはシャッターの降りた数軒の商店が線路側に向かって並んでいた。鉄道が生活の中心だった時代の名残だろう。駅業務をしている女性によると、昔は線路の反対側にも魚屋などが並んでいたそうだ。

再び列車に乗りアプトいちしろ駅へ。ここでアプト式電気機関車ＥＤ９０を後ろに連結する。アプト式とは線路の中央に歯のついたレールを敷き、歯車のついた専用の機関車で急勾配を登るしくみだ。連結の時間を利用してトイレに行く乗客も少なくなく、車掌は発車前にトイレの確認に走っている。機関車は巨大な長島ダムのえん堤前の九〇パーミルの勾配を押し上げ、長島ダム駅に到着した。

切り離し作業が済むとアプト機関車はさっさと一両でアプトいちしろ駅に向けて下って行ってしまった。ディーゼル機関車よりも一回り大きいアプト機関車はトンネルの狭い他の区間を走ることはできない。つまりあの機関車は生きてここからは出られないのである。

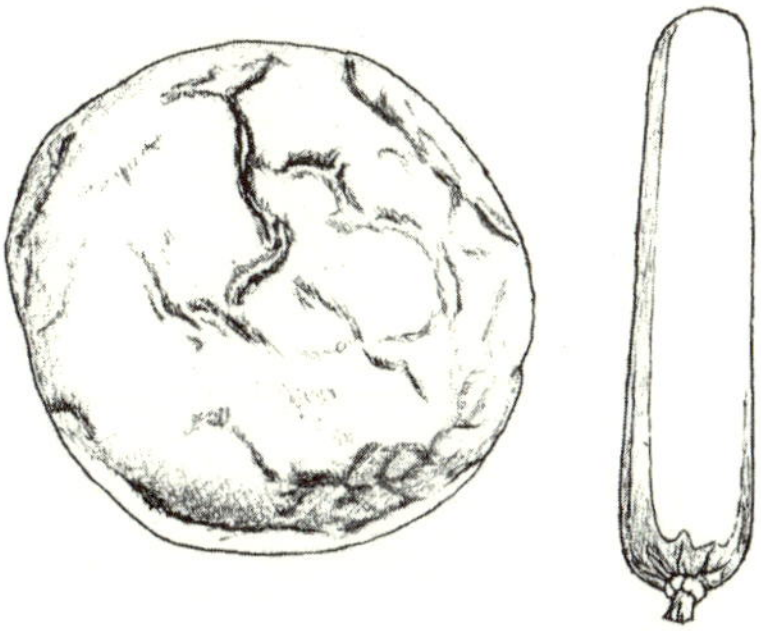

昼食代わりのあんパンと魚肉ソーセージ

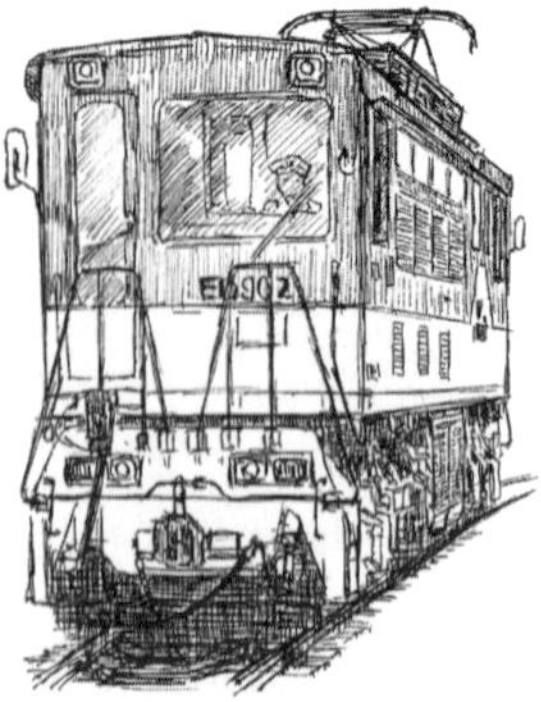

ＥＤ９０形電気機関車　アプトいちしろ駅にて

接岨峡温泉に向かって県道を歩く。唐沢トンネルを出た所にカヌー競技場の看板があって、湖岸に向かって日光いろは坂のように曲がりくねった道路が下っている。ひらんだ駅はこのあたりのはずだ。湖畔に降りていったら駅があった。ところがホームは道路と反対側でフェンスがあって入れない。うーん、こういう秘境駅もあったか。トンネルの上の草むらを歩いて反対側に回ってホーム上に出た。草に覆われた山道があって、登って行ったら『いろは坂』の途中に出た。駅への標識はどこにもなかった。これでは、何人いるか知らないが、地元の人にしか分からない。

湖の対岸に奥大井湖上駅が見える。ちょうど千頭行きの列車が発車してゆくところだった。不動の滝の前を通ってようやく梅地の集落が見えてきた。今度は井川行きの列車が追い越して行った。まだ一四時三〇分だが井川まで行くのはこれが最終列車である。接岨峡温泉駅に着いたら駅前の店で山菜そばを食べよう。そのためにあんパン一個にしておいたのだ。春に行った時にはタラの芽のてんぷらがいっぱいだった、秋に行ったらたくさんの種類の具をていねいに乗せてくれたっけ。

残念ながら食堂はもうやっていなかった。店内にはアキバ系と書かれたおでん缶の自販機が置かれているだけで、さっきの列車で降りた団体客のおやじさんたちが道端にしゃがんでおでん缶を食べていた。

次の駅は尾盛駅である。そこは家も道路も歩道も何もない、本当の秘境駅である。

28　名古屋鉄道　名古屋本線　国府～名電長沢

（二〇〇八年五月二十五日）

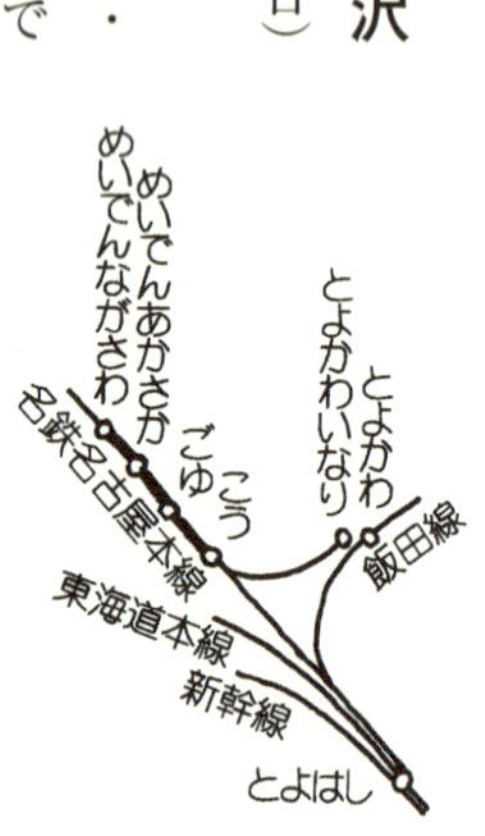

名古屋鉄道は愛知・岐阜を中心とする大手私鉄で、豊橋・名鉄岐阜を結ぶ名古屋本線はその主軸路線、もちろん複線である。名鉄の名古屋駅ホームに立つと一つの線路を特急や快速、各支線行き電車が次々とやってきて、名古屋人以外には訳が分からないが、豊橋駅でも国府に行くつもりが東岡崎まで連れて行かれてしまった。

国府から名電長沢まで歩くことにした。近頃では無人駅まで自動改札化され、古い駅舎など期待できない。それならここはひとつ名古屋独特の食べ物、味噌カツとかあんかけスパゲッティなど『名古屋めし』を探してみよう。まずは喫茶店の『モーニングサービス』だ、ということで今回は朝食抜きで出かけた。

国府駅は豊川線との分岐駅で島式ホームが三面あり、駅舎は二階にある。駅前の幅の広い国道を渡って旧東海道を歩く。『御油《ごゆ》一里塚跡』の標石が旧街道であることを示している。

ショッピングセンターに併設して『ありん子』というコーヒーショップがあった。店先にモー

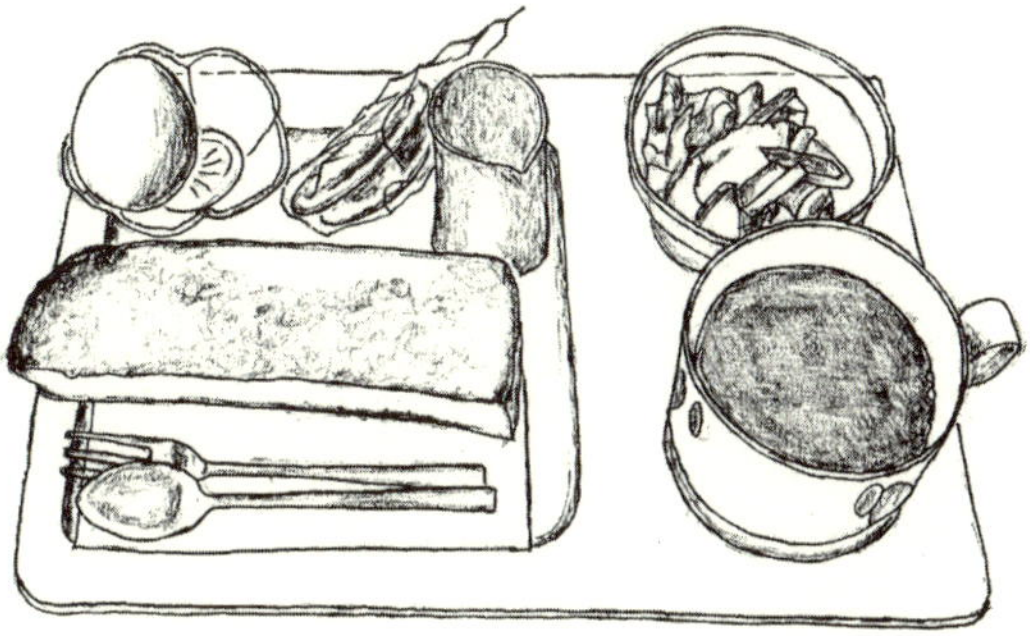

モーニングサービスセット　ゆで玉子の右は袋入りのせんべい

ニングサービスの表示もなく、店員さんも「ホットですか、アイスですか？」と聞いてきただけなのでちょっと不安になったが、ちゃんとトーストにサラダ、ゆで玉子、おせんべいが付いてきた。これで三八〇円。次にショッピングセンターのパン屋で『小倉トースト』を探す。『あんサンドフライ』というのがあった。パン屋なのに小倉あんが売られていた。やはりこのあたりではトーストに小倉あんを塗るのだろうか。

雨上がりの水で濁った音羽川を渡って御油宿に入る。古そうな家並みが続く。問屋場跡には広重の御油宿の版画が描かれてあった。旅人を二人の女が強引に引っ張り込もうとしている。そのうしろは飯盛り女たちか。鞠子宿のようなところろ汁の茶屋なら今でも観光の売り物にもなるのだが、強引客引きでは…。

ここで再び国道を横切って御油駅に寄る。対向式二面のホームのある無人駅で、上下線両方に切符の販売機と自動改

ドクダミの花　赤坂宿にて

札機のある新しい駅舎があった。そしてまた旧街道に戻って『御油の松並木』を歩く。

松並木が終わるともう赤坂宿に入る。宿場の間隔がずいぶん短い。『ふるさと茶屋・愛輪』と書かれた古民家があった。何か食べ物を出す店らしい、ちょっと面白そうだ、『名古屋めし』リサーチは止めにして、入ってみた。

「あの、ここ、普通のお店ではないですよね？」

「グループでやってます、地産地消で」

壁に貼られた新聞や雑誌の記事によると、農家の主婦たちが取り壊されそうになった民家を使って始めた土日だけのレストランだった。

「この家は昔はおまんじゅう屋さんだったようですよ」

『雲助めし定食』をお願いした。白飯にネギと油揚げと味噌を混ぜ込んだもので、駕篭かき人足たちが食べたものだと言う。それに味噌汁とサトイモやタケノコ、鶏肉などの小皿が六つも付いて七〇〇円だった。

名古屋鉄道名古屋本線　名電長沢駅

宿場の中心に近づいたところで、雅楽のような音楽が聞こえてきた。

「ショウボウジさんの稚児行列ですよ」

交通整理をしていた男性が教えてくれた。稚児の装束を着た子どもたちに家族が数人ずつ付き添っているものだから行列は長く続いている。最後尾の方はだいぶ列が乱れていた。稚児たちも疲れきったような顔をしている。

ここでまた旧街道を離れ名電赤坂駅に行く。近代化されても『名鉄』でなく『名電』と言うあたり、古き時代を思わせて、いい。駅を一回りした後、また同じ道を赤坂宿まで戻る。

『大橋屋』という旅籠があった。二階を見せていただく。ここは今でも予約すれば泊めてくれる現役の旅籠である。二、三軒隣りがさっきの稚児行列の『正法寺』だった。親鸞聖人とこのお寺の開祖かと思われる上人の法要が行われていた。庭にはツバキの古木があった。織田有楽《うらく》斎《さい》が好んだところから『有楽椿』と呼ばれるワビスケの一品種だそうだ。花の季節に訪れてみたいものだ。

寺の正面には『味噌煮込みうどん』と書かれたうどん屋があった。これも『名古屋めし』だが、もう食べるのは止めておこう。名電長沢駅までは距離はあるが静かな街道が続いていた。

結局『名古屋めし探索』はどうなったのか？　岡崎ではあんかけスパ、名古屋ではコメダ珈琲店のシロノワールを試食したが、言えるのは、八丁味噌、菜めし田楽も含めて愛知県は味噌ものがおいしい。

29　富士急行線　河口湖〜寿

（二〇〇八年六月十五日）

富士急行線はＪＲ中央東線の大月駅から富士吉田を経て河口湖駅までの私鉄線である。終点の河口湖駅は売店やレストランもある山小屋風の木造駅舎で、駅前には一九二九年（昭和四年）の富士山麓電気鉄道開業時に造られたチョコレート色のモ１形電車が展示保存されている。説明板によると急勾配の続く路線用に開発された当時の最新鋭の電車だったそうだ。

ローカル線とは言え河口湖駅の構内には青色に白いラインの普通電車の他、高尾行きのヨコスカ色のＪＲ電車も並んでいるし、踏切の音が鳴って到着したのは新宿からのＪＲの特急用電車だった。これにおかしな顔の富士山をいっぱい描いた展望室のあるフジサン特急やトーマスランド号、赤いマッターホルン号まであって、さすがは観光鉄道である。

富士吉田に向かって歩き始める。やがて富士急ハイランドのジェットコースター群が見えてきた。『ＦＵＪＩＹＡＭＡ』、『ドドンパ』、そして『ええじゃないか』。ネーミングがすごい。

昭和４年製のモ１形電車　河口湖駅にて

中央高速道の下をくぐった先が富士急ハイランド駅である。改札口はハイランドの入口に直結していて、駅の切符売り場もチケット売り場と並んでいる。

今回の目的のひとつは吉田うどんである。腰の強い麺だが讃岐うどんのような弾力性はない。ただ硬い。具はたくさんでキャベツが乗ることが多く、肉は馬肉である。店によって違うので二店は試してみたい。そこで朝食を食べないで来た。空腹なので早く食べたいのだが、うどんマップ片手に探してもあるはずの場所に見つからない。そのはずだ、『吉田うどん』ののぼり旗は店じまいした建物の中にあった。次の店は定休日。そうこうしているうちに富士吉田駅に着いてしまった。駅ビルの横に回った一段低くなった所に女性一人でやっている『研考練』という小さな店があった。テーブル上の会計票に自分で『肉天ぷらうどん、一つ、五五〇円』と書き込んで厨房に持ってゆく。天ぷらはタマネギ、ニンジン、ミツバのかき揚げである。それに馬肉と鳴門巻き。

「どうして『研考練』って言うんですか？」

「屋号です。字は違いますけど父親が『県の購買連盟』やってたので」

「それでケンコウレン？」

富士急行線　下吉田駅

富士吉田駅の改札口は駅ビルの中にあった。ちょうどフジサン特急が入って来て、後ろ向きに出て行った。富士吉田駅はスイッチバック駅なのだ。正確には大月線と河口湖線の二線なのでスイッチバックと呼んでいいのかは微妙であるが。スイッチバックの理由は、山中湖方面に延ばすつもりが河口湖に変わったからだとも言うが、もともと大月から山中湖方面への馬車軌道があって、それが富士急行の起こりだったからだろう。

月江寺駅は単式ホームだが市街地に近く乗降客も多いので有人駅である。その先の下り坂の標識は四〇パーミルを示していた。普通の鉄道としては最大級の急勾配だ。富士急行の大月線は駅部分を除いてほとんどが坂である。ブレーキが壊れでもしたら大変だ、と思ったら、実際に月江寺近くの踏切でトラックと衝突してブレーキが利かなくなった電車が暴走、沢に転落して一七名が亡くなるという大事故があった。

下吉田駅には広い駅前広場に面してコンクリート平屋建ての立派な駅舎があった。名古屋駅を模して造られたのだそうで、織物業の盛んだったころは全国から貨車が入線していて賑わっていたと言う。

自動車道路に戻ってちょっと行くと左手のお寺に六角形のお堂が見えた。聖徳太子像を祀る太子堂だった。靴を脱いでお堂の濡れ縁をぐるっと回った。ちょっと法隆寺の夢殿の気分。

吉田うどんの店は道路に面していることは少ない。『みさきうどん』の入り口も駐車場の先の藤棚の奥にあった。玄関で靴を脱いで座敷に上がるとテーブルが数卓あって、ほぼ客で埋まっていた。一つはコタツ布団がかかっている。奥の席に座る。目の前は仏壇と床の間だ。まるでお祭りか何かで親戚の家に集まったようなものだ。

これが吉田うどんだと思った。うどんというモノではなく、昼は近所の家に集まってうどんを食べる、そういった文化が吉田うどんだと思った。

地方のB級グルメが話題にされるが、富士宮やきそばにしても静岡おでんにしても、鉄板やおでん鍋を囲んで雑談する、そういった文化があっての地域グルメである。地域おこしのために新メニューを開発しても生活の中に組み込まれなければ定着はしない。地域おこしとは新し

吉田うどん　玉子入り肉キンうどん　左は唐辛子を油などで練った薬味

いものを考えるのではなく、古くからあるがその良さに気づいていないものに気づくことだと思う。

ここの店は太いキンピラごぼうに特徴があって、メニューにはキンピラうどん、肉キンうどんなどと書いてあった。キン肉うどんとは呼ばない。キンピラうどんに玉子をトッピングしてみた。これは何うどんだろう。

葭池《よしいけ》温泉前駅は田植えの終わった水田に面した、ホーム上に待合室があるだけの小さな駅だった。

ラーメン屋とコンビニの裏にある寿駅は以前は『暮地《くれち》』駅だった。その頃東京からの女子大生らしいグループが

「ねえここ、ボチだって。こわーい」

などと言っていた。墓地と間違えられるからか『寿駅』と、いきなりめでたい名前に特進した。おかげで縁起のよい寿駅の入場券は人気なのだそうだ。もっとも無人駅だから入場は自由である。

富士急行には『ゲゲゲの鬼太郎号』が走っていたことがあ

る。鬼太郎号と墓地駅の取り合わせもおもしろそうだが。

30　伊豆箱根鉄道　駿豆線　伊豆長岡～修善寺

（二〇〇八年六月二十二日）

梅雨の真っ直中である。雨の合間に歩けばいい、小雨のうちに歩けばいい、などと思って出掛けたが、甘かった。

伊豆長岡駅は島式と単式ホームの二面三線の構造で、さすがは伊豆長岡温泉郷への下車駅、構内踏切ではなく跨線橋がある。土産物屋の店先には温泉まんじゅうが売られていた。

雨は本降りのままで止みそうにない。傘の柄を両手でしっかりと中心に立てて歩き出す。宮沢賢治の『雨ニモマケズ』よりも相田みつをの『雨の日には雨の中を』の心境だ。七〇年代フォークグループ『ふきのとう』の『思い出通り雨』の四番の歌詞を頭の中で歌いながら。

線路越しに狩野川が見えてきた。アシの原の

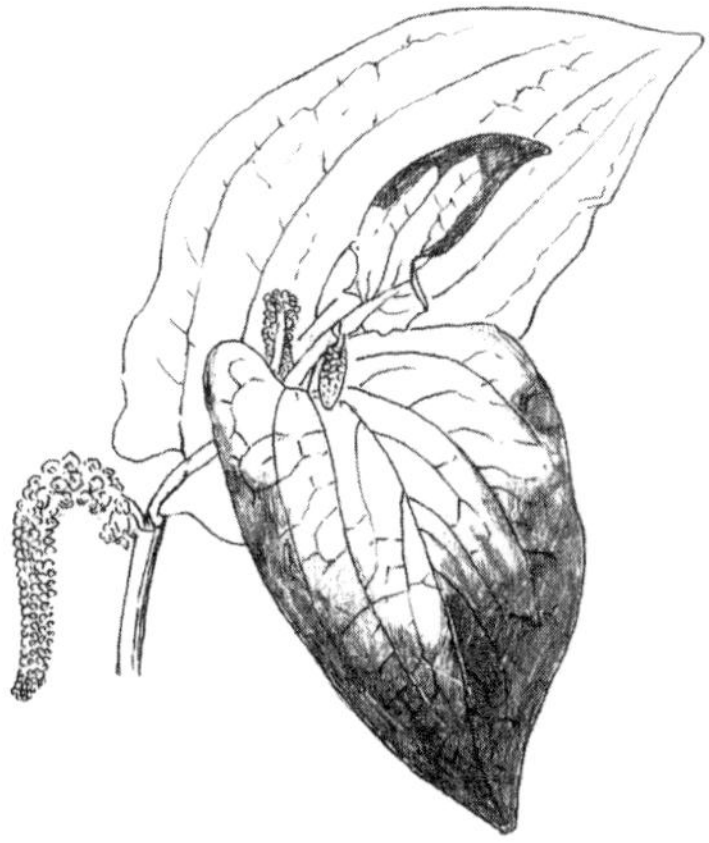

ハンゲショウ　若い葉は半分が白い。
半化粧あるいは半夏生に由来する

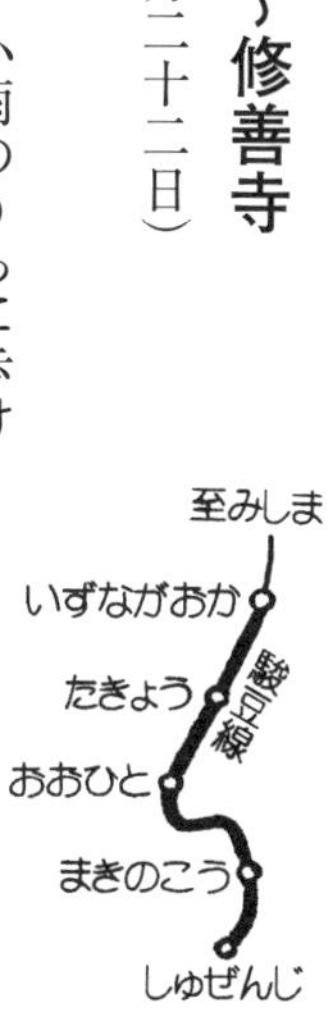

伊豆箱根鉄道駿豆線　大仁駅

向こうを濁った水が流れている。アジサイのきれいな季節だ。水田と民家の間の小川に白い葉の植物が生えていた。ハンゲショウだ。先の方の葉の半分だけ白いから『半化粧』とも、七十二候のひとつ『半夏生』の頃咲くからとも言われる。今年の半夏生は七月一日だ。今ではほとんど使われることのないこの季節の言葉が、近頃好きになってきている。

やっと小降りになってきたところで田京駅に着く。ここも島式と単式の二つのホーム。列車のすれ違いでない時は上りも下りも駅舎側の一番ホームから発着する。一休みして歩き始めるとまた雨が激しくなった。まさに江戸川柳の「本降りになって出て行く雨宿り」である。

亀石峠への道路の下をくぐって橋を渡ると左

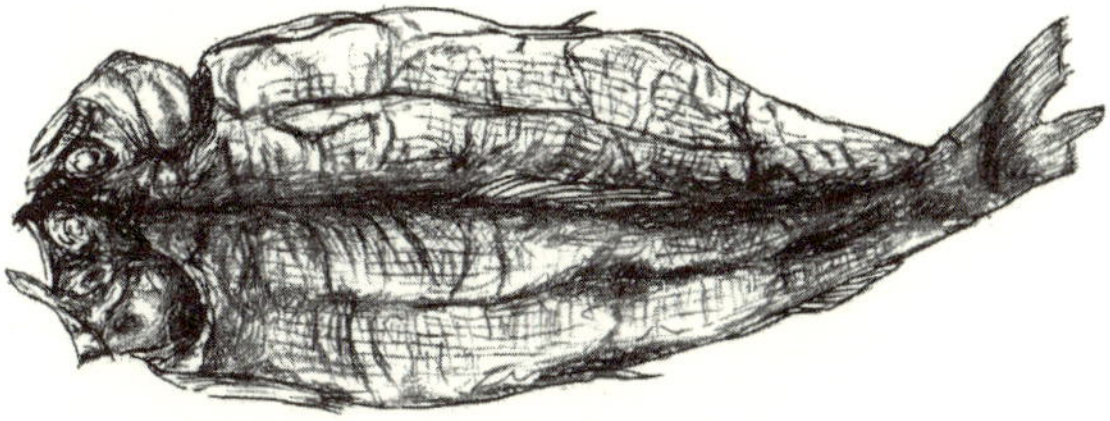

アユの干物　修善寺駅前の土産物屋で買った

手に旭化成ファーマの工場が現れてきた。以前は東洋醸造の工場で『菊源氏』というお酒を造っていた。それが旭化成に変わって、今ではそのブランドは他の会社に譲渡されたと聞く。酒のことは分からない。菊源氏がどんなお酒だったのかは知らないが、それなりの歴史とそれを造り続けてきた人はいるはずだ。伊豆の地酒がひとつ消えたってことなのか。

『高王白衣観音入口』という案内板を見つけた。『びゃくえ』と読むはずなのに『白衣《はくい》の天使』を勝手に想像して寄り道してみた。説明板によると明治の初めの廃仏毀釈で観音様を片付けてしまったらコレラが流行った、観音堂を建てたら治まったとのこと。やはり白衣の天使のお役目もあるようだ。お姿をひと目とお堂の戸を開けたら、観音様ではなくて、数人のご婦人方が昼食中だった。あわてて戸を閉めた。

大仁駅の駅前にはソテツが植えられたロータリーがあって、島式のホームも幅が広い。それだけ温泉客で賑わうからなのだろう。ちょうど東京からの特急踊り子号が入ってきた。

大仁の商店街を抜けるとちょっとした川があって、『伊豆市』の標識があった。橋を渡って反対側から振り返ると今度は『伊豆の国市』と書かれてあった。どちらも町村合併でできた新しい市名だが、こういう命名はややこしくてかなわない。

牧之郷駅は水田地帯の中にある無人駅だが列車のすれ違いはできる。対面式ホームで駅舎はなく、上下線それぞれに入り口がある。

道路に戻って先に進む。右手には狩野川の濁流が流れ、先の方に赤いアーチ型の橋が見えてきた。遅くなったが昼食は修善寺駅前の『おゝき』という店でしいたけ丼を食べた。たっぷりのシイタケにタケノコと鶏肉、そこにとろみのあるたれがかかっていた。

店から出てもまだ雨はしっかりと降り続いていた。

31　ＪＲ御殿場線　足柄～山北

（二〇〇八年七月六日）

元東海道本線であった御殿場線は長いホームを持つ駅が多く、どの位置で電車を待ったらいいのか迷う。足柄駅の島式ホームも二両編成の電車には余り過ぎる長さである。

無人の木造駅舎を出ると駅前にはクマにまたがった金太郎の像があった。竹之下の集落を行くと、馬頭観音、駐在所、半鐘、そういったよくある山村風景の中にも、金太郎があちこち顔を出す。ゴミステーションでは分別を呼びかけ、『かけこみ一一〇番の家』では警官姿になり、消防団のシャッターではまさかりの代わりに鳶口を振り上げている。足柄山というのは箱根外輪山の金時山から足柄峠にかけての一帯を指す呼び名で、特定の山頂があるわけではない。

集落を抜けると水田が多くなり、畦の草刈りが行われている。鮎沢川の鉄橋を新宿行きの小田急乗り入れ特急『あさぎり』号が行く。今は単線だが御殿場線のトンネルや橋脚はかつての複線の跡を残している。梅雨の中休みだろうか、薄日が差し、蒸し暑い。やはり夏である。薄桃色のホタルブクロの花は涼しげだがオレンジ色のヤブカンゾウは暑さをさらに感じさせる。

ＪＲ御殿場線　足柄駅

谷を大きくまたいでいる東名高速の上り線、次いで下り線の橋の下をくぐると所領の集落に入り、小山町の市街地に続いてゆく。商店街の街灯にもまた金太郎が描かれている。おもちゃ屋、電気屋、洋品屋、時計屋、写真館、商店街は小さいながらも一通りの店が並んでいる。精肉店には、いのしし、馬さし、しかさし、かも肉の文字も見える。クマ肉はない。

　駿河小山駅近くに、和食、中華、洋食と書かれた『加富登《カブト》食堂』があった。なるほど、丼もの、ラーメン、オムライスなどいろいろできるようだ。焼きうどんを頼んだ。焼きうどんなど独身男性の簡単メニューみたいなものだがこうしてお店で食べるとさすがに味付けがいい。キクラゲやタケノコまで入っていた。テレビの上にはダルマが並んでいる。見回すと招き猫、大判小判、神輿、カブト、唐獅子、縁起の良さそうなものが所狭しと置かれてある。店を出たところでショーウインドーに恵比寿大黒と福助もいるのに気が付いた。

駿河小山駅はコンクリートの新しい駅舎だが、跨線橋やホームには昔の様子が残っていた。駅前には『金太郎誕生の地』の看板があった。観光案内所には金太郎の五月人形をはじめ、凧、置物、貯金箱などさまざまな金太郎グッズが置かれ、あの腹掛けも売っていた。

焼きうどん　タケノコやキクラゲが入っている

再び東に向かって歩く。踏切を渡った先で国道二四六号線に合流した。突然車の通行が激しくなった。鮎沢橋を渡ると神奈川県山北町に入る。かけこみ一一〇番も金太郎から恐竜のおまわりさんに代わった。
国道のガードレールの外側の狭い歩道部分を一人の老人がゆっくりと一輪車を押してゆく。追いついたところで声をかけた。
「暑くて大変ですね」
老人は口にタオルをくわえたまま、うん、というふうにうなずいた。『けいふん』と書かれた袋を運んでいたから、畑に行くのだろう。

ヨモギエダシャク　谷峨駅の電話ボックスのガラスに止まっていた

のどかであっただろう集落も畑も、拡幅された国道で分断され、車が激しく行き交っている。下から見上げれば天空のような高さを高速道路が走っている。単線となった御殿場線の線路は谷底の忘れられたような所に見え隠れしている。国土は道路だけが突出しているように見える。そして地域は都市から都市へと通過するだけの存在でしかない。

　諸渕トンネルが見えてきた。ここをくぐるしか道はない。歩行者は通れるのか不安だったが、幸いトンネル内にも歩道部分はあった。でもカーブしたトンネル内の歩道は、運転手のハンドル操作に命をあずけているわけで、大型車が来るととても恐い。

　清水橋で河内川と合流した鮎沢川は酒匂川となる。国道と離れてやっとのことで谷峨《やが》駅に着いた。谷峨という駅名は虫好きにとってはたまらない名だ。今はとんがり屋根の新しい駅舎になっているが、古い木造駅舎の壁にシタバ類などのヤガの仲間の蛾がいっぱい集まっている光景を想像すると楽しくなる。駅舎の白い壁をぐるっと見て回ったがカメムシしかいなかった。電話ボックスにヤガではなかったが蛾を三匹見つけた。

　歩くのはこの谷峨までの予定だったが休んでいる間に疲れも取れたので次の山北駅まで歩く

気になった。崖下の道路上にクルミが落ちていた。両側に大きな穴が開けられている。アカネズミの食べ跡だ。気をつけて歩いたらつぎつぎと見つかった。数えたら二四個も拾っていた。

四軒屋というバス停の先、下を線路が通っているのだが、そのトンネルの上に赤い鳥居を見つけた。線守稲荷だ。

明治時代、このトンネル付近で不思議なことが相次いだ。大石が置かれていたり、みのを着た人が赤いカンテラを振っていたり、髪を振り乱した女の人がいたり。機関車が急停車するが誰もいない。ある時、線路上に寝ていたウシにぶつかったと思ったら、ウシではなくキツネの死体があったという。トンネル工事で巣を壊されたキツネであろうということで、神社を建てて祀ったのだそうだ。

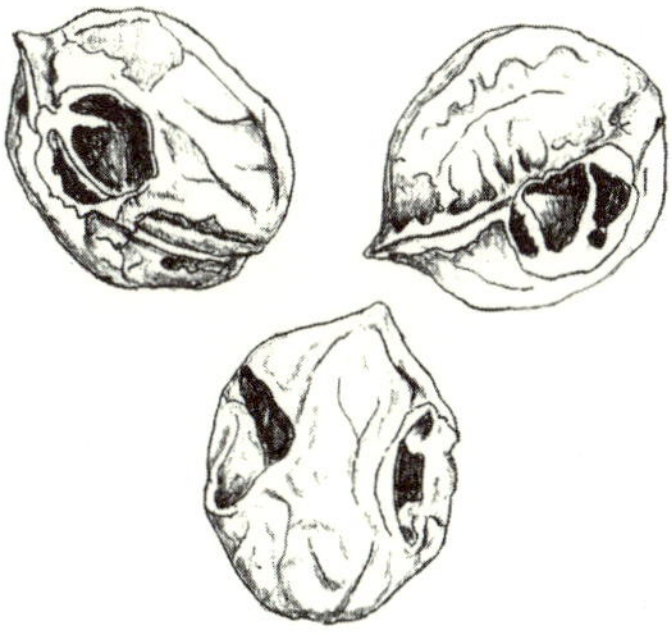

アカネズミの食痕のあるクルミ

二軒屋というバス停があった。そういえばその前には六軒屋もあったっけ。時刻表を見るとちょうど新松田行きのバスの通る時刻だ。待つまでもなくすぐ来たのであわてて手をあげて乗車した。

「整理券は取りました?」

地元の者ではないと見た運転手さんが念を押した。

山北駅前の商店街は静かだった。駅の構内もまた広く静かだった。ホームも線路も取り払われているが、東海道本線だった当時はここで勾配を登るために後押しの補助機関車を連結していたため、すべての列車が停車して賑わっていたはずだった。

32　ＪＲ飯田線　相月～水窪・小和田

（二〇〇八年七月十三日）

佐久間ダムの完成に先立つ一九五五年（昭和三十年）、飯田線の中部天竜から大嵐《おおぞれ》間は、ダムによって水没する天竜川沿いから水窪川沿いに付け替えられた。二つの谷をつなぐ二本の長大トンネルは、大断層の中央構造線を上手に避けて掘られている。

相月駅はトンネルとトンネルに挟まれた小駅で、周囲には数軒の民家が見られる。駅の下の道を水窪《みさくぼ》方向に向かって歩き始める。新しいトンネルを避けて旧道を迂回してゆく。周囲は急斜面に植林されたスギの人工林で民家が点在している。

今日も猛暑日になるのだろうか、とにかくアスファルトの道は暑い。白い大きなヤマユリの花も咲き始めている。数は少ないのであの強烈な匂いは感じないが、暑い中あの匂いに包まれるのもまた夏らしい。

「暑いですね」

すれ違ったおばあさんに声をかけた。

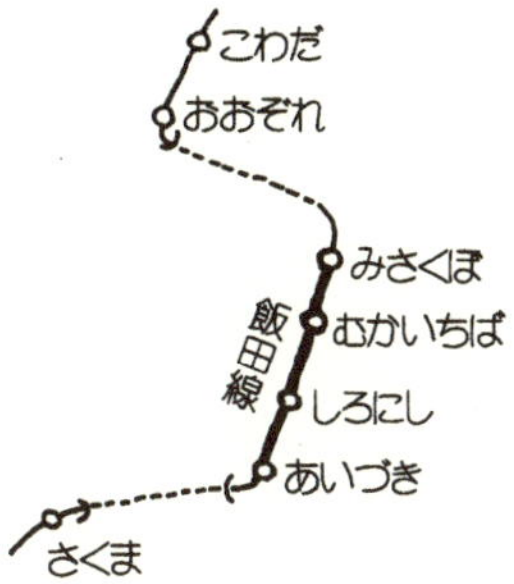

ラミーカミキリ　静岡県内に分布を拡大している　自然も変わってゆく　相月駅にて

「昨日はもっと暑かった、今日は風があるからいいよ」

城西《しろにし》駅の手前に『よれいね茶のこ』という名の、地域振興グループのやっている店がある。

『よれいね』って言うのは『寄っていらっしゃい』てことですよね、『茶のこ』ってのはなんですか？」

「ここらあたりじゃ朝ご飯前にひと仕事したです。その時に『茶のこでも食べて』って言います。軽い食事のことですよ。朝ご飯は十時頃食べます」

振興グループの中心になっているらしい男性の方がいろいろと教えてくれた。山菜ざるそばを注文する。

「そばがきもやってるのですか、ポタポタ焼きって何ですか？」

「五平餅の半分くらいのものです」

そばがきはそば粉を練ってまんじゅうのようにしたものだった。かつお節や薬味は乗っていない。

「そばの風味が分からなくなるものですから」

ポタポタ焼きはたしかに五平餅のようにつぶした米を丸くしたものに味噌だれをポタポタか

山菜ざるそば　左上からコンニャクの天ぷら、たくあん、そばがき、右はポタポタ焼き

けたものだ。

「冬場はこれにアワやキビなどの雑穀を混ぜるのですが、今の時期は地のものがないので」

コンニャクの天ぷらとたくあんが添えられた山菜ざるそばは、そばの上に大きな葉っぱの天ぷらが三枚乗っていた。

「ベニバナボロギクとエゴマとヤーコンの葉、それに黒キクラゲの天ぷらです」

『山菜ざるそば』より『食べられる野草ざるそば』みたいだ。南米原産のヤーコンも近頃ではすっかり田舎の野菜として定着しつつある。話を聞いていると、とにかく地元の食材、地産地消にこだわっているのがわかる。湯飲みに入れた紅茶を出してくれた。農家の高齢化で、省力化と売れるお茶をということで、紅茶作りもしているのだそうだ。

「シイタケはサルがよく食べに来るよ。カモシカも

ＪＲ飯田線　城西駅

シカもイノシシも来るよ。今恐いのはヒルですね。四つ足があちこち歩き回って落としていくので」

　もっと聞いていたかったがそろそろ電車の時刻なので失礼する。城西駅は開けた場所にある島式ホームの駅で、道路との間に無人の駅舎がある。ここで天竜峡行きの電車を待つ。じつは秘境駅として知られる小和田《こわだ》駅に行ってみたくなったのだ。皇太子殿下と小和田《おわだ》雅子様の御成婚の時、話題になった駅である。次の天竜峡行きの電車に乗れば三〇分ほどの待ち時間で帰りの電車に乗って戻れるというわけだ。

　全国の秘境駅でもトップスリーに入る小和田駅は鉄道以外に道はなく、民家は二十分ほど歩いた所に一軒あるだけ。それでもちゃんとした駅舎があり、トイレも水道もある。ホームは二面二線で列車のすれ違いができるから信号所の役目もあるのかと思っていたが、今はレールははずされて一面一線の駅になっていた。

目の前は佐久間ダムのダム湖で雰囲気は明るい。駅前に一軒の廃屋とお茶工場の跡があって、軽三輪のミゼットが捨てられていた。このミゼットはどこから来たのか不思議だったが、ダムに沈む前はここも集落があって道路もあったそうだ。待合室には一九八二年（昭和五十七年）からの何冊もの駅ノートが置かれてあった。

豊橋行きの電車で再び城西駅に戻る。城西の集落の手前の橋から『S字鉄橋』を見た。『渡らずの鉄橋』とも呼ばれ、地盤の悪さから工事中のトンネルが崩れ、やむなく川の上に線路を通したもので、全長四〇〇メートルという飯田線最長の鉄橋ができてしまった。強引な工事の背景には佐久間ダムの工事を遅らせるわけにはゆかないという事情もあったと思う。

水窪方面に向かって歩く。風が止まると蒸し暑い。立ち止まっては汗を拭き、また歩くことを繰り返す。正面に大きな集落が見えてきたあたりに、小さなお堂なのか大きな祠なのか、そのようなものがあった。中の石像は周囲に日と月、鳥、三猿のあることから、庚申塔の青面金剛のようだ。『水窪町文化財庚申祠の鏝《こて》絵』と書かれた柱が立っている。なるほど、祠の外壁の漆喰に何か描かれてある。どうもゾウの絵のようだ、ゾウとは珍しい。

水窪の街の入り口の三叉路を右に折れ、オオカミを祀る山住神社に続く道を行くと踏切があ

ＪＲ飯田線　小和田駅

る。その先が向市場駅だ、待合室があるだけの単式ホームの駅である。

　元の三叉路に戻って、秋葉街道の宿場として栄えた水窪の街を信州方面に向かって歩く。旅館には『猪・鹿料理』の看板があった。『名物とちもち』と書かれた八幡屋というお菓子屋もあった。

「今、暑いもんで、とちもちは休んでるんですよ。お盆になったらあるけど。すみませんねえ」

　イノシシやシカを狩り、クルミやトチの実を採る採集狩猟生活、コンニャクやお茶は照葉樹林文化の栽培植物だ。キビ、アワ、ソバ、イモなどを栽培する焼畑は最近までこのあたりでも行われていた。

　相良の塩を信州に運んだ塩の道、信仰と交易の秋葉街道、鉄道の時代から自動車の時代、そして三遠南信道路へ。道が変われば文化が変わる、食も変わる。大切にしなければならないものは何なのか。その何が大切かと思う心も変わってゆく。

水窪駅は吊り橋を渡って階段を上った所にあった。ホームの向かい側の草地には白いヤマユリの花が咲いていた。

清　邦彦（せい・くにひこ）

静岡雙葉中・高等学校教諭

著書：「富士山にすめなかった蝶たち」（築地書館）、「女子中学生の小さな大発見」（新潮文庫）、「百足の足をかぞえてみました　女子中学生の小さな大発見２」（メタモル出版）、「公園と街はずれの自然観察」（新風舎）、「女子中学生の科学」（静岡新聞社）

静岡発 ローカル線てくてく歩記《あるき》

＊

平成 20 年 11 月 20 日　初版発行

著者／清　邦彦

発行者／松井　純

発行所／静岡新聞社

〒422-8033　静岡市駿河区登呂 3-1-1

電話：054-284-1666

印刷・製本／図書印刷

ISBN978-4-7838-2227-1　C0026